Ajaton tie

Ajaton tie

Henkisen kehityksen opas

Swami Ramakrishnananda Puri

Mata Amritanandamayi Center, San Ramon
Kalifornia, Yhdysvallat

Ajaton tie
Henkisen kehityksen opas
kirjoittanut Swami Ramakrishnananda Puri

Julkaisija:
Mata Amritanandamayi Center
P.O. Box 613
San Ramon, CA 94583
Yhdysvallat

—————— *The Timeless Path (Finnish)* ——————

Ensimmäinen painos MA Centerin: huhtikuussa 2012

Saatavissa myös: www.amma.fi

Intiassa:
www.amritapuri.org,
inform@amritapuri.org
www.embracingtheworld.org

Omistuskirjoitus

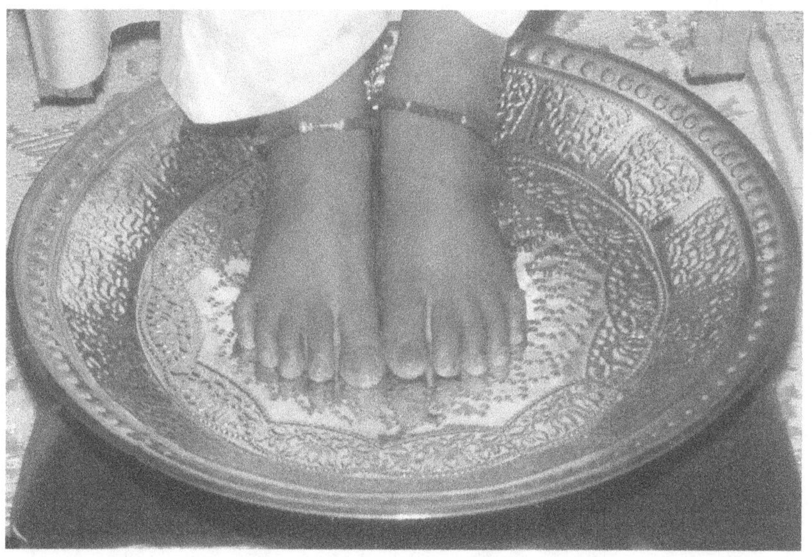

Nöyrästi luovutan tämän kirjan
Satguruni Sri Mata Amritanandamayin
Lootusjalkojen juureen.

Sisällysluettelo

Alkusanat

Ajaton tie

Oi Jumalatar, johdata minua tällä ajattomalla tiellä,
jotta saisin elää läheisyydessäsi.
Universumin lumoojatar, ohjaa minua aina.
Oi tietoisuuden ilmentymä, olemassaolo ja autuus.
kädet yhteenliitettyinä kumarran sinua.

—Amman kirjoittamasta bhajanista
'En Mahadevi Lokesi Bhairavi'

Henkisyydestä puhutaan usein tienä. Mutta mistä se oikein alkaa, ja mihin se päättyy? Mihin se meitä vie? Edelleen: kuka määrittää sen? Onko etsijä itse tiensä tekijä, joka raivaa polkuaan viidakkoveitsellä läpi elämän viidakon? Vai viitoittavatko sen jo kulkeneet mestarit sen meille? Onko teitä useita, vaiko vain yksi? Mikä on tarkalleen ottaen se tie, minkä Amma meille, lapsilleen on osoittanut? Jos henkinen elämä todellakin on matka, silloin nämä ovat tärkeitä kysymyksiä.

Alussa olevassa *bhajanissa* Amma rukoilee Deviä ohjaamaan häntä pitkin sasvata margaa. *Sasvata* tarkoittaa 'ikuista'; *marga* tarkoittaa 'tietä tai polkua'. Meidän ei kuitenkaan pitäisi ajatella, että 'ikuinen' tarkoittaa tietä, jolla ei ole loppua. Amma tarkoittaa sitä, että henkinen tie itsessään on *ajaton*, että se on sama jokaiselle sukupolvelle, jokaiselle luomisen syklille.

Hinduismia sanotaan usein Sanatana Dharmaksi, Ikuiseksi elämäntavaksi tai -tieksi. Näin siksi, että Vedojen, ensisijaisten henkistä tietä yksityiskohtaisesti kuvaavien pyhien kirjoitusten sanotaan olevan *anadi,* ilman alkua ja *ananta*, aina olemassa.

Vedat eivät ole ainoastaan ihmisten luomia, vaan ikuinen osa maailmankaikkeutta, runollisesti ilmaistuna 'Jumalan henkäys'. Jokaisen luomisen syklin alussa niitä ei laadita uudelleen, vaan ne 'ilmestyvät' pyhimysten ja tietäjien mielissä. Nämä ovat miehiä ja naisia, joiden mielet ovat niin puhtaat, että Vedojen *mantrat* ja totuudet ilmenevät heille, kuin tuuleen kirjoitettuina. Nämä miehet ja naiset siirtävät Vedat edelleen ensimmäisille opetuslapsilleen. Näin ne siirtyvät eteenpäin sukupolvelta toiselle, loputtomana jatkumona.

Tässä kirjassa tutkimme Ajatonta tietä ja tarkastelemme lähemmin sen käänteitä. Tulemme myös näkemään, että vaikka Amma ei ole koskaan opiskellut pyhiä kirjoituksia, hänen osoittamansa tie on sama kuin Vedoissa ja sitä seuraavissa perinteisissä kirjoituksissa kuten *Bhagavad Gitassa*. Kuten Amma kerran sanoi toimittajalle tämän kysyessä, mikä hänen tiensä on: "Minun tieni on sama kuin Sri Krishnan tie[1]; siinä ei ole mitään uutta."

Läpi tämän kirjan tulemme näkemään, että mitä monet pitävät eri teinä - karmajooga, meditaatio, jnanajooga jne.- ovatkin tosiasiassa saman tien eri puolia. Amma usein sanoo: "*Karma* (toiminta), *jnana* (tieto) ja *bhakti* (antaumuksellinen rakkaus), ovat kaikki välttämättömiä. Jos antaumus ja toiminta ovat linnun kaksi siipeä, niin tieto on sen pyrstö. Vain näiden kolmen avulla voi lintu lentää korkeuksiin." Karmajooga ja sellaiset harjoitukset kuten meditaatio vievät henkistä etsijää eteenpäin, kun taas mestareilta saatu viisaus näyttää meille oikean suunnan.

Todellisen henkisen näkemyksen omaava henkilö, kuten Amma, hyväksyy kaikki uskonnot ja ymmärtää niiden harjoitusten oikean paikan oman tiensä puitteissa. Kuten Amma selitti YK:n yleiskokouksessa, New Yorkissa vuonna 2000: "Kaikilla uskonnoilla on sama päämäärä, ihmismielen puhdistaminen."

---

[1] "Krishnan tie" joka kuvataan Bhagavad Gitassa on vedisen tien jälleentulkinta.

Kuten Hinduilla on oma menetelmänsä mielen puhdistamiseksi, niin myös buddhalaisilla, kristityillä, juutalaisille, jainalaisilla ja muslimeilla on omansa. Sanatana Dharma hyväksyy ne kaikki, mutta lopulta kun mieli on puhdistunut, tulee henkisen etsijän päästä kaikkien henkisten harjoitusten tuolle puolen ja ymmärtää oma todellinen luontonsa. Ainoastaan silloin hän tulee Ajattoman tien päähän. Sanotaan että tietämättömyydellä, kuten myöskään Vedoilla ja niiden osoittamalla tiellä ei ole alkua. Mutta toisin kuin Vedoilla, tietämättömyydellä on loppu. Se koittaa sen autuaallisen ymmärryksen valjetessa, että meidän oma todellinen luontomme on ikuinen ja ajaton.

Sri Mata Amritanandamayi

"Niin kauan kuin näissä käsissä on tarpeeksi voimaa kurkottamaan kohti niitä, jotka tulevat hänen luokseen, laskemaan käden itkevän olkapäälle, Amma jatkaa darshanin antamista, hyväillen ihmisiä rakkaudella, lohduttaen ja pyyhkien heidän kyyneleensä tämän kuolevaisen kehon loppuun saakka – tämä on Amman toive."

—Amma

Ennennäkemättömien rakkaudellisten ja uhrautuvaisten tekojensa ansiosta, Sri Mata Amritanandamayi, tai 'Amma' (äiti), kuten hänet yleisesti tunnetaan, on tullut tunnetuksi miljoonille ympäri maailmaa. Hän hyväilee hellästi kaikkia, jotka tulevat hänen luokseen ja pitelee heitä sydäntään vasten rakkaudellisessa syleilyssä. Amma jakaa rajattoman rakkautensa kaikkien kanssa riippumatta heidän uskostaan, asemastaan tai siitä minkä vuoksi he ovat tulleet tapaamaan häntä. Tällä yksinkertaisella, mutta voimakkaalla tavalla, Amma muuttaa lukemattomien ihmisten elämän avaten heidän sydämensä, halaus kerrallaan. Lähes neljän vuosikymmenen ajan Amma on fyysisesti halannut yli 30 miljoonaa ihmistä jokaisesta maanosasta.

Hänen väsymätön omistautumisensa muiden auttamiselle on inspiroinut laajan hyväntekeväisyystoiminnan verkoston. Sen kautta ihmiset ovat havainneet, että epäitsekkäästi palvelemalla muita, he voivat löytää syvän rauhan ja sisäisen täyttymyksen tunteen. Amma opettaa että jumalallisuus on läsnä kaikessa, sekä elollisessa että elottomassa. Tämän totuuden oivaltaminen on henkisyyden perusolemus, keino tehdä loppu kaikesta kärsimyksestä.

Amman opetukset ovat yleismaailmallisia. Missä tahansa häneltä kysytäänkin hänen uskonnostaan, hän vastaa aina, että hänen uskontonsa on rakkaus. Hän ei pyydä ketään uskomaan Jumalaan tai vaihtamaan uskontoaan, ainoastaan ottamaan selvää omasta todellisesta olemuksestaan ja uskomaan itseensä.

1. luku

Miksi ihmiset tulevat Amman luo?

"Aivan kuten kehomme tarvitsee ravintoa elääkseen ja kasvaakseen, samoin sielumme tarvitsee rakkautta puhjetakseen kukkaan. Se voima ja ravinto, jota rakkaus voi sielullemme antaa on ravintoarvoltaan voimakkaampaa kun äidinmaito."

—Amma

Seikka, jonka heti pistää merkille Amman ohjelmaan tultaessa on se, että hyvin monet erilaiset ihmiset tulevat tapaamaan Ammaa. On erimaalaisia, eri uskontojen ja kaikkien elämän eri osa-alueiden edustajia. Jotkut ovat kulkeneet henkistä tietä jo vuosikymmeniä, toiset taas eivät ole koskaan edes pitäneet käsissään henkistä kirjaa. Jotkut tulevat, koska he kärsivät henkisesti, fyysisesti tai taloudellisesti ja toivovat, että Amma voisi auttaa heitä. Toiset tulevat pelkästä uteliaisuudesta. Ehkäpä he ovat nähneet Amman lehdessä tai TV:ssä ja haluavat nähdä omin silmin, kuka tämä "Halaava pyhimys" oikein on. Sitten on henkisiä etsijöitä: sekä noviiseja että pitkälle edenneitä henkisiä harjoittajia. He uskovat, että Amma valaistuneena sieluna, joka hän on, voi viedä heidät ihmiselämän lopulliseen päämäärään, itseoivallukseen.

Suurin osa ihmisistä tulee tapaamaan Ammaa, koska heillä on joku ongelma, jonka he uskovat Amman voivan korjata. *Bhagavad Gitassa* Krishna kutsuu sellaista ihmistä, joka tulee *mahatman* tai Jumalan luo vapautuakseen ongelmistaan *arthaksi*. Amma usein aloittaa julkiset puheensa kohdistamalla ne tämän kaltaiselle yleisölle: "Amma tietää, että 90 prosenttia läsnäolevista kärsii joko fyysisesti tai emotionaalisesti. Jotkut ovat työttömiä. Toisilla on työtä, mutta tarvitsevat suurempaa palkkaa. Jotkut eivät löydä sulhasia tyttärilleen, joillakin on ongelmia lakiasioissa, toisilla ei ole varaa ostaa taloa kun taas toisilla on talo, jota he eivät saa myytyä, ja jollakin on parantumaton sairaus jne..."

Amma kertoo heille, että on turha murehtia. Murehtiminen on sama, kuin vain katsoisi haavaa ja itkisi. Hän sanoo, että murehtiminen vain pahentaa tilannetta, ja että sen sijaan pitäisi ottaa vaivaan jotakin lääkettä. Amma neuvoo ponnistelemaan kaikin tavoin ja luovuttamaan loput Jumalan käsiin, antaen huoltensa taakan Hänen kannettavakseen.

Itse asiassa monet näistä ihmisistä ovat saaneet huomata, että heidän ongelmansa ovat jossakin määrin ratkenneet. Lapsettomat naiset ovat yhtäkkiä huomanneet olevansa raskaana. Jotkut ovat lakiasioihin liittyvien vaikeuksien takia rukoilleet Ammaa ja asiat ovatkin yllättäen kääntyneet heidän edukseen. Taloudelliset vaikeudet ovat lieventyneet. Jotkut fyysisistä sairauksista kärsineet ovat saaneet tilaansa helpotusta tai joskus jopa parantuneet kokonaan. Kun Ammalle kerrotaan näistä tapauksista, hän ei ota vastuuta niistä itselleen, vaan sanoo niiden tapahtuneen Jumalan tahdosta ja kyseisen henkilön uskon voimasta.

Sitten on ihmisryhmä, jota Krishna kutsuu nimellä *artharthi*. Nämä ihmiset ovat tulleet Amman luo, ei siksi että olisivat hakeneet pelastusta sielulleen, vaan saadakseen apua materiaalisissa asioissa. "Amma, auta minua saamaan jatko-opiskelupaikka!" "Amma, ole kiltti ja auta yritystäni menestymään!" "Amma, auta minua saamaan viisumi!" "Auta minua saamaan kirjani julkaistuksi!" Arthartikset näkevät Amman Jumalan armon välineenä ja yleensä kertovat hänelle materiaalisista toiveistaan. Näissäkin tapauksissa näemme heidän palaavan leveästi hymyillen viikon, kuukauden tai vuoden kuluttua ja kiittävän Ammaa rukoustensa täyttymisestä.

Kuinka kaikki tämä on oikein mahdollista? Jopa *Vedoissa* (muinaisissa pyhissä kirjoituksissa) kehotetaan ihmisiä lähestymään mahatmaa toiveiden täyttymiseksi.

yaṁ yaṁ lokaṁ manasā saṁvibhāti
viśuddha-sattvaḥ kāmayate yāmśca kāmān |
taṁ taṁ lokaṁ jayate tāmśca kāmāṁ-
stasmād-ātma-jñāṁ hyarcayedbhūti-kāmaḥ ||

"Hän, joka on mieleltään puhdas, saavuttaa ne maailmat, joita hän tavoittelee ja kaikki haluamansa nautinnon välineet. Näin ollen hänen joka haluaa menestyä, tulisi palvoa Korkeimman Itsen tuntijaa."

Mundaka upanishad 3.1.10

Tässä on ajatuksena se, että mahatma voi saada kaiken "haluamansa" oman *sankalpansa* (henkinen päätös) avulla. Kun pyhissä kirjoituksissa puhutaan "mielen puhtaudesta", sillä tarkoitetaan sellaista mieltä, joka on puhdistunut kaikista haluista. Tällä viitataan siihen, että koska mahatmalla ei ole omia haluja, hän siunaa mielellään luokseen tulevia ihmisiä toteuttamalla heidän toiveitaan. Tämä ei tarkoita kuitenkaan sitä, että kaikkien halut täytettäisiin. Myös *Prarabdha karmalla* (menneiden tekojen vaikutuksilla) on asioiden kulkuun oma osuutensa. Mutta Amma on äiti ja kukapa äiti ei haluaisi lastensa olevan onnellisia? Jos pyydät häneltä jotakin toivomaasi, eikä se satuta ketään ja on *dharman,* oikean toimintatavan mukaista, hän ilman muuta tekee kaikkensa auttaakseen. Hän tekee sen joko hyväntekeväisyystoimintansa välityksellä tai neuvoillaan tai päätöksensä voimalla.

Jotkut ihmiset kokevat vääränä sen, että Ammaa lähestytään maallisten tarpeiden tähden. Kuitenkin Gitassa Krishna sanoo, että sekä *artat*, että *arthartit* ovat molemmat "yleviä". Jo se, että he kääntyvät Jumalan puoleen hakeakseen apua edes materiaalisten tarpeiden täyttämiseksi, on osoitus siitä, että he ovat tehneet paljon hyviä tekoja joko nykyisessä tai edellisissä elämissään. Tämän laatuisella antaumuksella on kuitenkin rajoituksensa ja pyhissä kirjoituksissa sanotaankin, että vaikka on hyvä aloittaa elämänsä kyseisellä asenteella, sen ei pitäisi antaa päättyä niin. Yleensä tämän kaltainen antaumus ei ole luonteeltaan kovin vakaata. Nämä ihmiset harvoin palaavat, jos heidän rukouksiinsa ei ole vastattu. Ja vaikka he saisivatkin haluamansa, he yleensä jatkavat normaalia elämäänsä ja unohtavat Amman (aina seuraavaan ongelmaan saakka). Meidän tulisi yrittää kehittyä sellaiselle tasolle, että ymmärtäisimme hakea Ammalta niitä paljon arvokkaampia aarteita, mitä hänellä on meille tarjota.

Näin pääsemme seuraavaan Amman luo tulevaan ihmisryhmään. Heitä ovat *jijnasut* - totuuden etsijät. *Jijnasu* on jälleen erityyppinen henkinen etsijä. Hän on ymmärtänyt sen, että vaikka hänen ongelmansa ratkeaisivatkin, niin silti aina tulee uusia tilalle. Lisäksi hän ymmärtää maailmallisten saavutusten rajoitukset. Hän näkee Amman *satguruna*, valaistuneena mestarina joka kykenee väliaikaisen onnen sijasta viemään meidät pysyvään rauhan ja onnen tilaan. Itse asiassa kirjoituksissa sanotaan, että jokaisen henkinen evoluutio alkaa *arthana*, sitten hän edistyy *arthartiksi* ja lopulta *jijnasuksi*[1]. Nämä eri vaiheet edustavat henkilön henkiselle päämäärälle omistautumisen ja ymmärryksen tason kehittymistä. Jotkut ovat käyneet nämä kehitysvaiheet läpi edellisissä elämissään ja näin ollen alkavat suhteensa Ammaan totuuden etsijöinä. Toiset käyvät kyseisen evoluution läpi tässä elämässä ja loput vasta jossakin seuraavista elämistään.

Voimme nähdä, että jotkut ihmiset tulevat Amman luo materiaalisten tarpeiden vuoksi, mutta lähtevätkin ensimmäisestä

[1] Sanotaan että on parempi olla artharti kuin artha. Artharti hakee Jumalaa aina kun hän haluaa jotakin, mikä on melko usein kun taas artha ajattelee Jumalaa vain ollessaan pulassa.

darshanistaan korkeimman totuuden etsijöinä. Tämä johtuu *samskarasta*, joka on piilevä, edellisistä elämistä peritty taipumus henkisyyteen. Tämä samskara on odotellut tietoisen mielen pinnan alla heräämistään joka tapahtuu *mahatman* kosketuksen, sanojen tai katseen voimasta. Kuulostaa mystiseltä, mutta sama ilmiö toistuu monella muullakin elämän alueella, ei vain henkisyydessä. Monet suuret kirjailijat, muusikot, urheilijat ja tieteilijät eivät osoita mitään taipumuksia omalle alalleen, ennen kuin joku tietty kirja, konsertti, valmentaja tms. sytyttää heissä intohimon kipinän. Sen jälkeen mikään ei voi heitä pysäyttää.

Kun minä tapasin Amman ensimmäistä kertaa, en ollut kiinnostunut henkisyydestä. Vartuin vanhoillisessa brahmiiniyhteisössä ja olin ns. 'uskovainen'. Harjoitin *sandhya-vadanamia*[2] ja muita perinteisiä hinduritualeja. Itse asiassa pidin kyseisiä harjoituksia ainoastaan materiaalisten halujen täyttämisen välineenä. Olisin halunnut opiskella lääkäriksi, mutta en aivan läpäissyt lääketieteellisen pääsykokeita. Jätettyäni haaveet lääkärinurasta sain töitä pankista ja minut sijoitettiin haarakonttoriin pieneen Harippadin kaupunkiin. Tilanteeni ärsytti minua suunnattomasti, sillä sen lisäksi etten ollut opiskelemassa lääketieteellisessä, jouduin työskentelemään 'tuppukylässä', missä ei ollut edes kunnollisia ravintoloita!

Enemmän kuin mitään muuta, halusin siirtoa toiseen konttoriin ja isompaan kaupunkiin. Kuultuani Ammasta (hänen ashraminsa sijaitsi noin 25 kilometriä Harippadista etelään), ajattelin että ehkäpä hän voisi tehdä taikojaan ja hankkia minulle siirron. Joten eräänä päivänä matkustin bussilla Parayakadavuun mennäkseni Amman darshaniin.

[2] Ritualistinen rukousten ja kumarrusten sarja, joka tehdään ennen ja jälkeen auringonnousun ja –laskun.

Oli meneillään Krishna Bhava[3]. Amma antoi darshania navetan vieressä sijaitsevassa perheen temppelissä. Nähdessäni Amman pukeutuneena Krishnan asuun en ollut ihan varma siitä, mitä oli meneillään. Tunsin oloni kuitenkin erittäin rauhalliseksi. Menin Amman darshaniin, ja ennen kuin ehdin sanoa mitään, Amma sanoi minulle: "Sinulla on ongelmia työpaikkasi kanssa." Sitten hän antoi minulle ison kourallisen pieniä punaisia kukkia ja käski minua uhraamaan 48 kukkaa Devin pään päälle, kun Amma tulisi Devi Bhavaan[4] myöhemmin saman iltana. (Laskin kukat ja yllätyksekseni niitä oli täsmälleen 48.)

Niinä päivinä Ammalla oli tapana tanssia temppelin edessä ennen Devi Bhavaa. Amman tanssiessa, annoin kukat ohjeiden mukaan. Tanssin loputtua liityin jonoon saadakseni Ammalta Devi Bhava- darshanin. Tällä kertaa itkin Amman pidellessä minua sylissään. Olin hyvin liikuttunut Amman rakkaudellisuudesta, myötätunnosta ja hyväntahtoisuudesta. Amma pyysi minua istumaan tuolinsa viereen. Tein niin, ja silloin hän spontaanisti antoi minulle mantravihkimyksen. Jonkin ajan kuluttua Amma pyysi minua meditoimaan hetken. Kerroin hänelle, etten ollut koskaan aikaisemmin harjoittanut meditaatiota. Hän sanoi, että riitäisi jos vain sulkisin silmäni. Päätin yrittää.

Luulin kymmenen minuutin kuluneen ja avasin silmäni, sillä ajattelin muidenkin paikalla olijoiden haluavan istua Amman vierellä. Kukaan heistä ei ollut enää ympärilläni. Katsoin kelloani: oli kulunut kaksi tuntia! Ajattelin että kelloni täytyy olla väärässä ja kysyin kellonaikaa vieressäni istuvalta mieheltä. Hän varmisti asian. Olin meditoinut kaksi tuntia! Nousin hämilläni, kumarsin kunnioittavasti Ammalle ja palasin Harippadiin.

---

[3] Erityinen darshan, jossa Amma pukeutuu Sri Krishnan asuun ja omaksuu tämän mielentilan.

[4] Amman darshan Maailmankaikkeuden Jumalallisen Äidin mielentilassa ja asussa.

Seuraavana päivänä en yksinkertaisesti voinut mennä töihin. Tunsin itseni huumaantuneeksi, leijailin onnen ja syvän rauhan pilvessä. En uskaltanut mennä työpaikalleni, missä työnkuvaani kuului pääasiassa rahan laskeminen. Pelkäsin, että siitä tulisi katastrofi. Ilmoitin itseni sairaaksi, enkä edes poistunut ulos talosta. Ainoat ajatukseni olivat Amma ja hänen darshaninsa antama rauhan tunne. Seuraavana päivänä ilmoittauduin taas sairaaksi. Minun oli pakko nähdä Amma uudestaan. Tämän jälkeen ilmoittauduin sairauslomalle loppuviikoksi ja vietin niin paljon aikaa kuin mahdollista Amman kanssa. Koko elämäni keskipiste oli muuttunut. Amma oli herättänyt minussa piilevän henkisyyden. Näin ei ollut käynyt ainoastaan minun kohdallani. Monet niistä Amman opetuslapsista, jotka ovat nyt vanhempia *swameja* (munkkeja), tulivat aluksi hakemaan Ammalta apua materiaalisiin toiveisiinsa. Yllättäen he kuitenkin huomasivat etsivänsä korkeinta totuutta.

Joskus tällainen muutos tapahtuu hyvin nopeasti, toisinaan hitaasti. Kaikkien samskara ei ole kovin syvään juurtunut, mutta silti he kiintyvät Ammaan, hänen hellyyteensä ja lämpöönsä, hyväntahtoisuuteensa, darshaniinsa jne. He palaavat tapaamaan Ammaa aina kun voivat, ja vähitellen heidän suhteensa Ammaan syvenee. He alkavat toteuttaa Amman opetuksia käytännössä. Ehkäpä he saavat mantravihkimyksen tai Amman kehotuksesta ottavat osaa johonkin epäitsekkääseen palvelutyöhön ashramissa. Kun heidän mielensä pikkuhiljaa puhdistuu ja henkinen ymmärryksensä syvenee, heidän elämänsä painopiste muuttuu. Vähitellen he huomaavat olevansa kiinnostuneempia henkisistä kuin maallisista päämääristä.

Joskus tällainen elämänkatsomuksen muutos voi tulla jopa Amman antamien materiaalisten siunausten kautta. Eräs amerikkalainen mies oli kirjoittanut romaanin ja paloi halusta julkaista sen. Hän toi käsikirjoituksen Ammalle, joka hymyili hänelle ja kunnioittavasti kosketti kirjalla otsaansa. Muutaman viikon kuluttua mies sai sopimuksen suurelta kustantamolta. Hän oli suunniltaan onnesta. Ennen kuin hän tiesikään, hänen kirjansa oli koko maan kirjakauppojen hyllyillä. Mutta ei kestänyt kauaakaan kun hän tajusi, että vaikka hän oli nyt menestynyt kirjailija, tunsi hän silti olonsa epätäydelliseksi. Asiaa pohdiskeltuaan hän ymmärsi, että vaikka Amma toteuttaisi kaikki hänen toiveensa, hän silti tuntisi samoin. Hän näki nyt selkeästi sen tosiasian, että vain oivaltamalla korkeimman itsen hän voisi tuntea sitä rauhaa ja tyytyväisyyttä mitä haki.

Amma itse on suurin inspiraation lähde henkisellä tiellämme. Meitä hämmästyttää hänen olemuksestaan säteilevä rauha, onnellisuus ja tyytyväisyys. Tässä on henkilö, joka työskentelee vuorokauden ympäri, eikä saa palkkaa siitä, ei omista mitään, pukeutuu vaatimattomasti ja on äärettömän paljon onnellisempi kuin kukaan maailman tuotteliaimmista, rikkaimmista tai fyysisesti hyväkuntoisimmista ihmisistä. Tarkkaillessamme Ammaa tulemme nopeasti siihen tulokseen, että hänen täytyy tietää jotakin sellaista mitä meidän vielä tulee vielä oppia: onnen salaisuus. Tarkkailumme seurauksena huomaamme pian olevamme kiinnostuneempia tuon salaisuuden selville saamisesta kuin rajallisten materiaalisten halujemme täyttämisestä.

Brhadaranyaka upanishadissa on tarina erään rishin (tietäjän) vaimosta, joka oli ymmärtänyt että hänen miehellään oli hallussaan 'onnen salaisuus'. Näin ollen hän ei halunnut tältä mitään muuta, kuin olla hänen opetuslapsensa. Rishi oli nimeltään Yagnavalkya ja hänen vaimonsa Maitreyi. Yagnavalkyalla oli myös toinen vaimo, Katyayani nimeltään. Näistä kahdesta vaimosta Maitreyi oli henkisesti ja Katyayani materiaalisesti suuntautunut. Eräänä päivänä Yagnavalkya ilmoitti ryhtyvänsä sanjaaksiksi (maailmasta luopunut munkki) ja näin ollen päättävänsä suhteet vaimoihinsa. Selostaessaan vaimoilleen omaisuutensa jakoa, Maitreyi alkoi yllättäen puhua. Hän sanoi: ”Herrani, jos minulla olisi kaikki maailman rikkaudet, tekisikö se minut kuolemattomaksi?” Yagnavalkya vastasi kieltävästi. Silloin Maitreyi uskaliaasti sanoi hänelle, että varallisuudella ei olisi hänelle mitään arvoa, ellei se voi tehdä häntä kuolemattomaksi. Tietäen, että hänen miehellään on hallussaan valtava henkinen viisaus, Maitreyi sanoo; ”Olen kiinnostunut vain siitä tiedosta mikä sinulla on. Kerro minulle kaikki, mitä tiedät.” Maitreyilla oli todellinen jijnasa (henkisen tiedon jano). Hän ymmärsi satgurun todellisen arvon, eikä halunnut heittää hukkaan tätä kultaista tilaisuutta.

Jotkut Amman luo tulevat ihmiset janosivat totuutta jo ennen kuin tapasivat hänet. Ymmärrettyään, että satguru on ehdottoman tarpeellinen tosissaan olevalle etsijälle, he tulevat hakemaan Ammalta johdatusta henkisellä tiellään. Nämä ihmiset löytävät Ammassa ratkaisun kaikkiin henkisiin ongelmiin. Hänen kauttaan he löytävät mahdollisuuden epäitsekkääseen palveluun, saavat meditaatio-opetusta, mantravihkimyksen ja tilaisuuden syvälliseen kanssakäymiseen sellaisen henkisen mestarin kanssa, joka hyväksyy jokaisen, olivatpa tämän henkiset valmiudet millaiset hyvänsä. Edelleen, kirjoissaan ja puheissaan hän viitoittaa elämän korkeimpaan päämäärään johtavan tien. Hän poistaa kaikki tämän päivän tietoyhteiskunnassa vallitsevat henkisyyteen liitetyt epämääräisyydet ja väärinkäsitykset. Kyseiset ihmiset lähtevät Amman luota kokien saaneensa henkisen lottovoiton.

Monet näistä etsijöistä ovat melko uusia henkisellä tiellä, mutta toiset taas ovat kulkeneet sitä jo vuosikymmeniä. Sanjaasit, buddhalaiset ja kristityt munkit tulevat tapaamaan Ammaa hakeakseen hänen siunaustaan ja syventääkseen henkistä näkemystään. Amman läheisyydessä ja hänen olemuksestaan lähtevien voimakkaiden, puhtaiden värähtelyjen ansiosta he todellakin voivat tuntea ennen kokematonta selkeyttä. Lisäksi viettäessään aikaa Amman seurassa, he tulevat kasvokkain sellaisen ihmisen kanssa, joka on selvästi tavoittanut sen päämäärän, jolle he itse ovat omistaneet elämänsä. Amman kohtaaminen antaa uutta intoa ja tarmoa heidän henkiselle etsinnälleen.

Useiden vuosien ajan erään hyvin tunnetun henkisen järjestön vanhempi sanjaasi vieraili Amman ashramissa. Muistan katselleeni häntä ennen kun hän meni Amman huoneeseen. Olinpa sitten oikeassa tai väärässä, hän vaikutti jotenkin pöyhkeältä. Kun sitten muutaman tunnin kuluttua näin hänen lähtevän, huomasin kyyneleitä hänen silmissään. Kysyin millainen hänen tapaamisensa Amman kanssa oli ollut. Hän vastasi: "Minusta tuntuu siltä, että tänään elinikäinen henkinen etsintäni on vihdoinkin saanut siivet alleen."

On vielä eräs ihmisryhmä joka tulee tulee katsomaan Ammaa, nimittäin kyynikot. He ajattelevat tähän tapaan: "Tässä täytyy olla jotakin mätää. Tuo nainen ei mitenkään voi oikeasti olla noin epäitsekäs ja myötätuntoinen. Menen sinne ja paljastan koko petoksen!". Tällaisia ihmisiä on aina tullut tapaamaan Ammaa. Jos heidän sydämensä on sulkeutunut, he pyörittelevät silmiään hetken ja sitten lähtevät. Mutta jos heidän sisimmässään on edes pienikin avoin paikka, Amma löytää sen ja istuttaa siemenen, joka pian itää. Näin kävi eräälle Amman vanhemmista *brahmachareista.* Hän opiskeli elokuvantekoa arvostetussa oppilaitoksessa Punessa. Opiskeluaikanaan hän oli tutustunut kampuksella toimivaan kommunistiseen ryhmään ja oli nyt täysin uskontoa, henkisyyttä ja varsinkin 'eläviä pyhimyksiä' vastaan. Kun hänen perheensä kehotti häntä vierailemaan ashramissa, hän suostui mielihyvin. Hän näet ajatteli, että se olisi hyvä tilaisuus tehdä tutkimusta huijaripyhimyksistä kertovaa elokuvaa varten. Mutta kuinka kävikään: hänen seisoessaan katselemassa Ammaa elokuvantekijän silmin, *Amman katse löysikin hänet.* Hän ei voinut olla näkemättä, miten Amma uhrasi leponsa ja oman mukavuutensa tuodakseen valoa ja rakkautta muiden elämään. Melko pian hänestä tulikin Amman opetuslapsi.

Vaikka päällisin puolin ihmiset tulevatkin hänen luokseen eri syistä, Amma itse sanoo, että todellisuudessa kaikki, myös he ketkä eivät koskaan edes tule tapaamaan Ammaa, etsivät samaa asiaa. Kaikki haluavat kokea korkeimman Itsen täyteyden. Amma sanoo, että tämä kaipaus vie meitä eteenpäin elämässä. Se motivoi ystävyyssuhteitamme, avioliittojamme ja erojamme, lasten tekoa, ammattiuraa ja uran vaihtoa, talojen ja autojen ostoa, elokuvissa käyntiä jne. Kaikki hakevat samaa asiaa. Mutta se täyteyden kokemus, mitä me kaikki, henkiset ja materialistiset ihmiset oikeasti etsimme, ei ole rajallinen. Se on rajaton, yhtä laaja kuin maailmankaikkeus. Eikä kukaan voi saavuttaa äärettömyyttä rajallisten asioiden avulla. Jopa 20 kerrottuna 20:llä triljoonalla antaa rajallisen luvun. Niin kauan kun haemme onnea materiaalisesta maailmasta, emme voi koskaan saavuttaa hakemaamme täydellisyyttä.

Jos luet tätä kirjaa, sinulla on luultavasti ainakin jonkin verran *jijnasaa* (henkistä tiedon janoa) muutenhan lukisit jotakin muuta. Silti meidän jokaisen tulisi pohtia sitä, minkä verran meissä on *jijnasua* (totuuden etsijää). Tutkittuamme asiaa, näemme että liikumme edestakaisin kolmen edellämainitun ryhmän välillä. Toisinaan olemme vakavissamme olevia etsijöitä ja joskus taas palaamme materialistisempaan olotilaan. Mitä enemmän viritämme itseämme Amman aaltopituudelle, sitä enemmän huomaamme henkisen tiedonhalun pääsevän etusijalle elämässämme. Olipa henkinen valmiutemme millainen tahansa, Amma hyväksyy meidät ehdoitta. Tämä on osa hänen suuruuttaan. Tietäen, että useimmat meistä eivät ole vielä täysin jijnasoja, Amma kannustaa meitä jakamaan pelkomme ja toiveemme hänen kanssaan, tulemaan hänen luokseen arthoina ja artharteina *(toiveiden ja halujen täyttämistä varten).* Tällä tavoin hän voi olla osana elämäämme kaikilla elämänalueilla ja siten auttaa meitä kehittymään henkisesti. Omilla ponnisteluillamme ja Amman armosta, antaumuksemme voi jopa ylittää jijnasan ja saavuttaa antaumuksen huipun, jnanan - tiedon ja ymmärryksen siitä, että kaikki, niin sisäinen kuin ulkoinenkin, on jumalallista.

2. *Luku*

Sidos joka katkoo kaikki muut siteet

"Satgurun ja opetuslapsen välinen suhde on vailla vertaa – sitä ei voi verrata muihin mihinkään muuhun suhteeseen. Sillä on pysyvä vaikutus opetuslapseen. Tässä suhteessa opetuslapselle ei voi koskaan tapahtua mitään pahaa."

—Amma

Oppilaan luoma suhde satguruun, valaistuneeseen henkiseen mestariin, on ainutlaatuinen. Näin siksi, että se on ainoa suhde, missä toinen antaa kaiken ja toinen vastaanottaa kaiken. Se on ehkäpä parhaiten verrattavissa äidin ja lapsen väliseen suhteeseen.

Eräs Amritapurissa sattunut tapahtuma valaisee tätä seikkaa. Amma antoi darshania suurelle väkijoukolle. Itse asiassa darshanit olivat koko viikon ajan olleet pitkiä ja kestäneet aamun pikkutunneille saakka. Tätä katseltuaan, eräs Amman amerikanintialainen seuraaja lähestyi häntä ja sanoi: "Amma, etkö voisi pitää lomaa? Voisit mennä vaikkapa Havaijille rentoutumaan rannalle. Me maksaisimme sen ja sinä voisit lepuuttaa kehoasi vaikka viikon verran."

Amma nauroi miehen ehdotukselle ja hymyili hänelle myötätuntoisesti. Sitten hän sanoi: "Sinullahan on pieni poika? Jos hän olisi sairas tai onneton tai tarvitsisi sinua, niin voisitko silloin lähteä rantalomalle? Tietenkään et. Pysyisit hänen lähellään, lohduttaisit häntä ja auttaisit häntä tuntemaan olonsa paremmaksi. Näin on myös Amman laita. Kaikki ovat lapsiani, enkä voi jättää heitä ja lähteä itse lomailemaan."

Rakkaudessaan, myötätunnossaan ja halussaan ohjata oppilaitaan Amman kaltainen satguru todellakin on *amma* – eli äiti. Mutta on olemassa eräs erottava tekijä. Nimittäin tavallinen äiti saa lapsestaan ja äitiydestään valtavasti iloa, kun taas satguru on eheä ja tyytyväinen sekä ilman opetuslapsiaan että heidän kanssaan. Edelleen, suhteessaan satguruun oppilas voi olla täysin varma ja luottavainen. Guru ei ainoastaan rakasta häntä ehdoitta, vaan myös hänen näkemyksensä oppilaan menneisyydestä, nykyhetkestä ja tulevaisuudesta on niin selkeä, että hän kykenee johdattamaan oppilasta tavalla joka ei muutoin olisi mahdollista. Biologinen äitimme saattaa rakastaa meitä, mutta hänen näkökykynsä on rajallinen ja hänen neuvonsa ovat usein liiallisen kiintymyksen sokaisemia.

Samankaltaisia rajoituksia esiintyy myös terapeuttisissa suhteissa. Tunnen erään nuoren amerikkalaisen miehen, joka pitää kovasti hevimusiikista. Joitakin vuosia sitten Amman kiertueella hän kertoi minulle nähneensä dokumentin eräästä suosikkibändistään. Jossakin vaiheessa bändin jäsenten keskinäiset suhteet olivat menneet niin huonoiksi, että he olivat päättäneet palkata terapeutin korjaamaan niitä. Bändi oli myös keskellä luomisen kriisiä. Filmissä kuvattiin terapiaistuntoja, joissa bändin jäsenet yrittivät keskenään ratkaista ongelmiaan. Nuori mies kertoi, että filmiä katsellessaan hänelle valkeni selkeästi psykiatrisen terapian ja Amman antaman avun välinen ero. Merkittävä kohtaus tapahtui filmin loppupuolella kun bändi kertoi terapeutille, etteivät he enää tarvinneet hänen palveluitaan. Terapeutin reaktio kertoi kaiken. Hän oli tullut täysin riippuvaiseksi bändistä, sen tuomasta 40 000:n dollarin kuukausittaisesta palkasta, maineesta ja kuuluisuudesta, koko kuviosta. Bändi ei enää tarvinnut häntä, mutta nyt hän puolestaan tarvitsi heitä.

Suhteemme Ammaan ei ole tämän kaltainen. Sen ainutlaatuisuus on siinä, että se on riippuvuus, joka vapauttaa meidät kaikista muista riippuvuuksista. Se on riippuvuus joka vie meitä kohti täydellistä riippumattomuutta. Voin itse ehdottoman varmasti sanoa, että enemmän kuin mikään muu, minun suhteeni Ammaan on pitänyt minut keskittyneenä henkiseen tieheni. Guru-oppilas –suhde on henkiselle etsijälle ainoa todellinen voiman ja tuen lähde.

Pian sen jälkeen kun olin tavannut Amman, hänestä tuli elämäni keskipiste. Halusin välittömästi ottaa lopputilin työstäni pankissa, mutta Amma sanoi että minun pitäisi jatkaa töissä vielä muutaman vuoden ajan. Hän neuvoi minua kuvittelemaan että Amma itse on lähettänyt asiakkaat luokseni. Tällä tavalla työstäni tuli minulle henkinen harjoitus. Sen lisäksi hän ei määrännyt mitään muita henkisiä harjoituksia. Vietin ashramissa kaikki illat ja viikonloput. Niihin aikoihin elämä Amman ympärillä oli melkoisen vapaamuotoista. Sunnuntaisin, tiistaisin ja torstaisin tapahtuvien *Bhava darshanien* lisäksi ei ollut mitään kiinteää aikataulua Amman tapaamista varten; ihmiset tulivat milloin lystäsivät. Tuolloin minä ja muut nuoret miehet (joista myöhemmin tuli Amman ensimmäisiä munkkioppilaita) tapasimme vain "hengailla" Amman kanssa. Emme olleet niinkään kiinnostuneet henkisyydestä kuin Ammasta itsestään, hänen äidillisestä rakkaudestaan ja hellyydestään. Eikä Ammakaan vaikuttanut olevan kovin kiinnostunut tyrkyttämään meille henkisiä harjoituksia. Hän oli opettanut meidät meditoimaan ja antanut kaikille mantravihkimyksen, joten harjoitimme näitä päivittäin jonkin aikaa. Muuten meillä ei ollut mitään kurinalaista aikataulua. Teimme yksinkertaisesti sitä samaa, mitä Ammakin teki. Jos hän istui meditoimassa, me yritimme meditoida hänen kanssaan. Hänen laulaessaan bhajaneita ainakin kerran päivässä, aina auringolaskuun aikaan, liityimme hänen seuraansa. Siinä kaikki.

Amma tapasi leikkiä lasten kanssa kylän leikkejä, kuten *kabadi ja kottu kallu kali.* Me istuimme katsomassa ja nauroimme. Nautimme Amman puhtaasta ja kauniista vuorovaikutuksesta lasten kanssa. Joskus saatoimme kysyä jotakin henkisyydestä, mutta totta puhuen useimmat meistä eivät olleet kovinkaan kiinnostuneita. Amma saattoi kertoa meille erilaisista päivän aikana tekemistään asioista, mitä kylällä tapahtui ja ehkäpä vierailustaan jonkun talossa. Meillä ei ollut guru-opetuslapsi –suhdetta. Suhteemme muistutti pikemminkin ystävyyssuhdetta tai äidin ja lapsen välistä suhdetta. Tapasimme puhua Ammalle hyvin vapaasti, saatoimme jopa väitellä hänen kanssaan. Meillä ei ollut mitään käsitystä siitä, millä tavalla henkisen mestarin läheisyydessä tulee käyttäytyä. Avustimme Ammaa hänen toimissaan, esimerkiksi ruoanlaitossa. Istuimme ja kuuntelimme lähellä silloin kun ihmiset tulivat tapaamaan häntä.

Tuolloin emme ymmärtäneet, mitä meille oli tapahtumassa. Teimme yksinkertaisesti mitä huvitti. Mutta, kuten aina, Amma toimi korkeimmalta ymmärryksen ja tietoisuuden tasolta. Amma *rakastaa* meitä, mutta hänen rakkautensa on erittäin viisasta. Jos hän olisi tuonut kurinalaisuutta elämäämme ensi hetkestä alkaen, monet meistä olisivat lähteneet karkuun! Salaa hän sitoi meitä itseensä rakkautensa silkkilangalla.

Kertoessamme vastaanvanlaisia tarinoita alkuajoista Amman kanssa, monet ovat pahoillaan siitä, etteivät olleet silloin paikalla kokemassa niitä. On totta, että nuo päivät olivat kultaisia ja taianomaisia ja valehtelisin, jos väittäisin toisin. Silti ei ole syytä olla surullinen ja ajatella että nuo ajat ovat menneet eivätkä palaa. Toki Amman luo tulee nykyisin paljon enemmän ihmisiä, mutta jos katselet mitä Amma tekee ohjelmiensa aikana, huomaat, että se on aivan samaa, mitä hän teki tuolloin meidän kanssamme. Aivan kuten me istuskelimme katselemassa kun Amma leikki lasten kanssa, tänä päivänä ihmiset voivat katsella häntä darshanin aikana pitelevän lapsia sylissään, näykkivän heidän poskiaan ja leikkivän heidän varpaillaan. Samaan tapaan kuin me tapasimme puhua Ammalle kaiken maailman asioista, hän yhäkin jutustelee darshanin aikana ympärillään olevien ihmisten kanssa. Hän saattaa kertoa heille eri paikoissa järjestetyistä ohjelmistaan ja mitä niissä on tapahtunut. Ja mitä tapahtuukaan Amman ohjelmien aikana? Kun Amma meditoi, he meditoivat ja kun Amma laulaa bhajaneita, he laulavat mukana. Ja kun Amma toisinaan osallistuu siivoushommiin, joko *ashramissa* tai kiertueilla Devi Bhava- darshanin jälkeen, kaikki osallistuvat aivan kuten mekin teimme kauan sitten. Joten itse asiassa mikään muu kuin ihmisten määrä ei ole muuttunut. Vaikkakin meillä on vähemmän henkilökohtaista kanssakäymistä Amman kanssa, jollakin tapaa Amman *sankalpa* (henkinen päätös) pitää lopusta huolen. Jos olemme avoimia, suhteemme Ammaan muodostuu aivan yhtä lujaksi kuin se olisi, jos Ammalla olisi enemmän henkilökohtaista aikaa kanssamme.

Tietenkin Amman darshan on keskeinen tekijä suhteemme syventämisessä. Amma syleilyssä koemme olevamme huolistamme täysin vapaita. Hänen sylinsä rauhassa tunnemme kiistattomasti olevamme yhtä hänen kanssaan. Itse asiassa Amman darshanilla on uskomattoman voimakas vaikutus, sillä se antaa ihmisille esimakua Jumalasta – heidän omasta Itsestään. Monelle tämä on valaiseva kokemus, joka kertaheitolla muuttaa hänen koko elämänsä suunnan. On kuin hänen maailmansa akseli siirtyisi kokonaan toiseen paikkaan.

On näennäisesti outoa mennä täysin vieraan ihmisen halattavaksi. Kuitenkaan kukaan ei tunne vastahakoisuutta, ujoutta tai vierauden tunnetta lähestyessään Ammaa ensimmäistä kertaa. On kuin he halaisivat omaa äitiään tai jopa omaa todellista Itseään. Poistuessaan heillä on tunne siitä, että ovat tunteneet Amman koko ikänsä. Näin on siksi, että ensimmäinen darshan on jatkoa ikuiselle, ajattomalle suhteelle.

Minuuttikaan Amman seurassa ei ole hukkaan heitettyä aikaa. Voimme oppia paljon henkisyydestä katselemalla ja mietiskelemällä hänen toimintaansa. Todellisuudessa opimme paljon enemmän henkilön esimerkistä kuin hänen sanoistaan. Sillä ei ole suurtakaan vaikutusta, jos isä kieltää poikaansa tupakoimasta ja itse polttaa. Hänen tekonsa puhuvat enemmän kuin hänen sanansa. Samaan tapaan, kun katselemme Ammaa vuorovaikutuksessa ihmisten kanssa, luonnollisestikin me itse alamme omaksua joitakin hänen ominaisuuksiaan, joko sisäisiä tai ulkoisia. Kuten Amma sanoo: "Jos käyt hajuvesitehtaassa niin tuoksu tarttuu sinuun."

Itse asiassa tämä on tiettyyn Jumalalliseen muotoon suunnatun meditaation periaate. Keskittymällä Jumalan muotoon, alkaa luonnollisestikin omaksua jumalallisen hahmon ominaisuuksia. Meditoidessamme Jumalallisen Äidin muotoa, mielemme täyttyy rakkaudellisista ja myötätuntoisista ajatuksista. Meditoimalla Hanumania, hänen voimaansa ja rohkeuttaan, voimme saavuttaa henkistä voimaa ja rohkeutta. Shiva- jumaluus on kiintymättömyyden ja askeesin ilmentymä. Hänen muotonsa meditoiminen auttaa saavuttamaan kiintymättömyyden tilan ja olemaan horjumaton henkisissä harjoituksissamme.

Tähän ei sisälly mitään mystiikkaa. Samaa tapahtuu kaiken aikaa tavallisessa elämässä. Ajatellaanpa vaikkapa henkilöitä, joilla on pakkomielle jostakin tietystä filmitähdestä tai muusikosta. Eivätkö he usein alakin kävellä, pukeutua ja puhua heidän tapaansa. Vuonna 2001 muistan yllättäen alkaneeni nähdä poikia, joilla oli pulisongit ja pikkuparta. Ilmiö tuntui ilmestyneen tyhjästä. Jotkut heistä olivat jopa liian nuoria kasvattaakseen partakarvoja, mutta silti he yrittivät parhaansa. Tiedusteltuani ilmiön taustaa, minulle kerrottiin että Bollywoodista oli tullut uusi hittileffa nimeltään *Dil Chahta Hai.* Elokuvan tähdellä oli kyseisenlainen hiustyyli ja kasvojen karvoitus. Jos vain elokuvan katselu kerran tai pari voi luoda tällaisen samastumisen tunteen, niin kuvittele sitä minkälaisen muutoksen päivittäinen, intesiivinen meditaatioharjoitus voi saada aikaan? Amman katseleminen hänen antaessaan darshania, laulaessaan bhajaneita, pitäessään puheita jne. on itse asiassa tietynlaista meditaatiota, meditaatiota silmät auki. Samaan tapaan kuin henkilö omaksuu hänelle rakkaimman jumaluuden ominaisuuksia silmät suljettuina meditoimalla, Amman ominaisuuksia omaksuu keskittymällä häneen ja olemalla hänen kanssaan. Nähdessämme Amman myötätunnon, toivomme itse tulevamme myötätuntoisemmiksi. Katsellessamme hänen kärsivällisyyttään ja mutkatonta luontevuuttaan, mekin yritämme tulla kärsivällisemmiksi ja vaatimattomammiksi.

Amma sanoo: ”Voimme ymmärtää mitä totuus, *dharma*, epäitsekkyys ja rakkaus ovat, sillä guru *elää* ne todeksi. Guru on näiden ominaisuuksien elävä ilmentymä. Tottelemalla ja jäljittelemällä satgurua, kehitämme samoja ominaisuuksia itsessämme.”

Annan esimerkin siitä, miten tämä voi tapahtua. Amritapurissa ollessaan (jos hän ei ole antamassa darshania) Amma tulee joka ilta bhajaneihin juuri ennen kello seitsemää johtaakseen antaumuksellista laulua. Amman saapuessa hänen *piithaminsa* (gurun istuinalusta) takana on yleensä noin kymmenkunta lasta. He kaikki yrittävät päästä istumaan lähimmäksi Ammaa. Ashramilaisille ja vierailijoille se voi olla melko suloista katsottavaa. Elokuussa 2008 eräs kolmevuotias amerikanintialainen poika oli käymässä ashramissa. Hänkin oli paikalla muiden lasten lisäksi, yrittämässä saada hyvää istuinpaikkaa. Juuri ennen kuin Amma saapui lavalle hän nousi seisomaan Amman *piithamille.* Tietenkin kaikki katsoivat häntä. Seuraavaksi hän tervehti Ammaa liittäen kätensä yhteen pään päälle *anjali mudraan,* aivan kuten Amma ja istui sitten hänen tapaansa risti-istuntaan. Sitten hän otti rumpukapulan ja alkoi hakata sillä rytmiä mikrofonin telineeseen, aivan samalla tavalla kuin Amma joskus tekee bhajaneitten aikana. Kun Amma näki hänet istumassa siinä, hän alkoi nauraa. Joku otti pojan pois, mutta istuttuaan alas, Amma kutsui hänet takaisin vierelleen istumaan ja antoi mikrofonin hänelle. Välittömästi poika yritti sanoa: ”*Prema svarupikalumaya ellavarkkum namaskaram* - Kumarran kaikille, jotka ovat jumalallisen rakkauden ja korkeimman Itsen ilmentymiä”. Amma aloittaa aina julkiset puheensa tällä lauseella. Sitten poika aloitti bhajanit laulamalla Ganesha-jumaluudelle, aivan kuten Ammakin. Sitä oli todellakin suloista katsella. Kuten useimpien kolmivuotiaiden, hänen ääntämyksensä ei ollut kovin selkeää, mutta tunne sen taustalla oli täyttä Ammaa. Kaikki löivät tahtia hänen laulaessaan. Voidaan väittää, että hän on vain lapsi, eikä sillä ole sen suurempaa merkitystä. Tässä oli kuitenkin täydellinen esimerkki siitä, miten voimme imeä itseemme Amman eleitä, toimintatapoja ja ominaisuuksia. Niistä tulee meille tapoja ja tavoista tulee luonne. Ja jos olemme vähänkään kypsempiä, alamme omaksua Amman ominaisuuksia; rakkautta, myötätuntoa ja epäisekkyyttä syvemmällä tasolla. Ominaisuuksia, jotka vaikuttavat hänen jokaiseen sanaansa ja tekoonsa.

Tämä vaihe, jossa vain istumme katselemassa Ammaa, saattaa pintatasolta nähtynä olla merkityksetön, mutta se on oikeastaan hyvin tärkeä rakennusaine siteen luomiseksi Ammaan. Ainoastaan sitten, kun suhteemme guruun on luja ja tarpeeksi syvä, meillä on riitävästi uskoa ja luottamusta voidaksemme noudattaa gurun neuvoja, ohjeita ja opetuksia.

Mahabharata-eepoksessa voidaan nähdä, että vasta kirjan puolivälissä Arjuna ryhtyy Krishnan opetuslapseksi. Ennen sitä, aivan kuten Ammankin kanssa, he ovat pikemminkin ystävät. Itse asiassa Bhagavad-Gitan neljännessä luvussa Krishna käyttää Arjunasta oppilas sanan lisäksi sanaa *sakhe*, mikä tarkoittaa ystävää. Todellissa ystävyyssuhteessa koettu luottamus, avoimuus ja sydänten läheisyys ovat hedelmälliselle guru-oppilasuhteelle välttämättömiä.

Pyhissä kirjoituksissa sanotaan toistetaan jatkuvasti, että voimakas kiintymys on vakava este henkiselle kehitykselle. Amma itse puhuu usein siitä, miten tärkeää on päästä eroon mieltymyksistä ja vastenmielisyyksistä. Kun me sitten huomaammekin tulleemme yhä riippuvaisemmiksi Ammasta, koemme luonnollisestikin hämmenystä. Tämä muistuttaa minua eräästä tapauksesta 1980-luvun puolivälissä. Tuolloin Amma melkein aina tuli mukaan aamumeditaatioon. Meditaation loputtua, hän vastasi kysymyksiimme. Eräänä tällaisena aamuna, yhdellä *brahmacharilla* - nykyiseltä nimeltään Swami Amritagitananda - oli mielessään kyseinen epäilys. Oikeastaan hän ei maininnut Ammalle epäilystään, mutta se oli häirinnyt häntä koko hänen meditaationsa ajan. Hän oli ajatellut tähän tapaan: "Olen tullut tänne pääsemään kaikista kiintymyksistäni, mutta nyt olen hyvin kiintynyt Ammaan! Eikö tämä ole vain uusi kahle? Enkö olekin vain hypännyt yhdestä *mayan* (illuusio, harha) muodosta toiseen?"

Yllättäen Amma katsoi suoraan häneen ja sanoi: "Kiintymys guruun ja ashramiin ei ole kahle eikä maya. Kaikki muut kiintymykset ovat. Samaan tapaan kuin okaan piikkiä käytetään poistamaan ihoon jäänyt toinen piikki, kiintymys guruun, valaistuneeseen mestariin vie vapautukseen"

Joitakin vuosia sitten eräs uusi brahmachari seisoskeli Amman läheisyydessä hänen antaessaan darshania. Äkisti Amma katsoi häntä rakastavasti hymyillen, kutsui hänet vierelleen ja kysyi, mitä hän oli ajatellut. Hän sanoi: "Olen tulossa hyvin riippuvaiseksi Ammasta, mutta pelkään, että lopulta se vain aiheuttaa minulle kipua." Amma vastasi hänelle: "Se on riippuvuutta, joka tuhoaa kaikki muut riippuvuudet. Vaikka se satuttaisikin sinua, se on kipua, joka puhdistaa sinut. Siitä tulee tiesi Jumalan luo."

Amma on maailman helpoimmin lähestyttävä ihminen. Hänet tavatakseen tarvitsee vain tulla paikalle ja liittyä jonoon. Sille ei ole mitään esteitä. Hän ojentaa jatkuvasti kättään kohottaakseen meitä, mutta meidän on itse tartuttava hänen käteensä. Kun sen vihdoin teemme, Amma pitää siitä lujasti kiinni niin kauan että pysymme omilla jaloillamme. Tämä ei kuitenkaan tarkoita sitä, että luja side Ammaan on vain aloittelijoita varten. Jatkuvasti, koko elämämme ajan se vahvistuu ja syvenee. Kasvaessamme henkisesti, siitä tulee yhä keskeisempi osa sitä mitä olemme, siitä tulee elämämme kantava voima. Totuus on se, että lopulta meille valkenee suhteemme perimmäinen totuus: guru ja opetuslapsi ovat aina olleet yhtä. Mutta aluksi tarvitaan kiintymystä ulkoisella tasolla. Tämä kiintymys ja ne kallisarvoiset muistot, joita saamme Amman läheisyydessä kantavat meidät elämän vaikeiden aikojen yli. Kun vihdoin sitten olemme valmiita, suhteemme Amman muuttuu. Silloin alkaa kurinalainen koulutus. Meille ensimmäisille brahmachareille tuo muutos tapahtui kahden, kolmen vuoden kuluttua. Jonakin kauniina päivänä äidistä tulee guru.

3. Luku

Gurun merkitys

"Gurun armo on valo, joka auttaa meidät näkemään ja poistamaan tiellämme olevat esteet."

—Amma

Amma sanoo, että guru ilmestyy vasta sitten, kun oppilas on valmis. Tämä tarkoittaa sitä, että Amma ei ilmennä *guru bhavaa* (gurun olemustaan) ennen kuin olemme siihen valmiita. Gurun mielentila odottaa meidän valmiuttamme. Mahabharatassa kerrotaan samasta asiasta: ennen eepoksen puoltaväliä Krishna ei toimi kertaakaan Arjunan guruna. Tämä siksi, että opetuslapsi-Arjuna ei ole vielä syntynyt. Arjuna vihdoin myöntää kyvyttömyytensä selvittää itse ongelmansa ja kumartuu Krishnan jalkojen juureen, rukoillen häneltä ohjeita ja opastusta. Silloin Krishna ottaa gurun roolin ja sanoo: "Suret heitä, joita ei pitäisi surra" jne. Tästä kohdasta alkaa Gitan todellinen opetus.

Puhumme Amman "guru bhavasta", mutta oikeastaan kaikki Amman olemuspuolet ovat *bhavaa* (omaksuttu mielentila). Päinvastoin kuin me, Amma ei samastu omaksumiinsa rooleihin. Me saatamme sanoa olevamme opettajia tai oppilaita, liikemiehiä, lääkäreitä, taiteilijoita jne. mutta Ammalle on olemassa ainoastaan yksi identiteetti: Korkein Itse, autuaallinen tietoisuus, joka on kaikkien ajatusten ja koko universumin perusta. Amma ei itsessään ole guru, ei myöskään äiti, humaani hyväntekijä tai mitään muutakaan. Hän itse tietää, että hänen todellinen luontonsa on ikuinen, autuas tietoisuus.

Myötätunnossaan Amma omaksuu itselleen äidin, hyväntekijän, ystävän, Jumalan tai gurun mielentilan, aina sen, mikä on milloinkin tarpeen. Rakkautta ja hellyyttä kaipaava lapsi herättää äidin, köyhyydestä kärsivät kutsuvat esiin hyväntekijän. Joka etsii sydänystävää, löytää ystävän, Jumalan palvoja saa Jumalan ja opetuslapsi gurun. (Vain jos ymmärrämme tämän, voimme nähdä joidenkin näennäisesti näsäviisaiden huomautusten taustalla olevan merkityksen. Amma sanoo esimerkiksi: "Koska he kutsuvat minua äidiksi, minä kutsun heitä lapsikseni. Amma ei tiedä mistään sen enempää.") Pohjimmiltaan kaikki tällaiset jaottelut perustuvat tietämättömyyteen. Amman näkökulmasta, henkisen tiedon korkeimmalta tasolta katsottuna, on olemassa ainoastaan kaiken ykseys - guru ja oppilas, Jumala ja Jumalan palvoja, äiti ja lapsi...ne kaikki ovat ikuisesti yhtä. Siksi Amma sanoo: "Jotta olisi guru, on oltava myös oppilas".

Joitakin vuosia sitten Ammaa haastateltiin amerikkalaiseen tv-dokumenttiin. Ohjelmassa esitettiin joidenkin maailman valtauskontojen uskonnollisten johtajien näkemyksiä. Amma oli ainoana joukossa edustamassa hindulaisuutta. Kaksi tuntia kestäneen haastattelun lopuksi, ohjaajat pyysivät häntä esittelemään itsensä kameralle. He selittivät, että Amman tulisi vain katsoa kohti kameraa ja sanoa jotakin sellaista kuten: "Hei! Minun nimeni on Mata Amritanandamayi ja olen hindulaisuuden henkinen opettaja ja humanitääri Keralasta, Intiasta." Tämän kuultuamme minä ja muut *swamit* mietimme, mitä Amma tekisi, sillä Amma nyt ei yksinkertaisesti koskaan sano mitään tuollaista. Viimeisten kolmenkymmenen vuoden aikana en ole kertaakaan kuullut Amman sanovan mitään vastaavaa. Amma hymyili, mutta kieltäytyi. Ajattelimme sen loppuvan siihen, mutta ohjaajat olivatkin itsepäisiä. He sanoivat jotakin sellaista, kuten: "Hei Amma, kaikki muutkin henkiset johtajat tekivät sen." Vieläkään Amma ei suostunut. Jos jotakin, niin Amma on aina luonteva.

Esimerkiksi, hän ei koskaan poseeraa valokuvissa. Ammalle ei ole luontevaa sanoa mitään tällaista, mutta myötätunnostaan Amma ei halunnut loukata ohjaajien tunteita. Ajattelimme asian olevan sillä selvä, kun Amma yllättäen sanoikin: "Tätä näkyvää muotoa kutsutaan "Ammaksi" tai "Mata Amritanandamayiksi", mutta sen sisällä olevalla Itsellä ei ole nimeä tai osoitetta. Se on kaiken läpäisevä." Tämän lausahduksen perusteella voimme nähdä, että Amma tuo esiin gurun mielentilan vasta sitten kun opetuslapsi kutsuu sen esiin. Se on vastaus tarpeeseen, ja kun tuo tarve kypsyy, guru ilmestyy. Amman todellisella olemuksella ei ole nimeä tai osoitetta. Se on kaiken määrittelyn ulottumattomissa.

Amman guru-bhavalla on kaksi puolta: tieto ja kuri. Jotkut voivat ajatella että tiedon vastaanottamiseen ei tarvita gurua. He uskovat että pyhien kirjoitusten noudattaminen riittää, mutta kirjoituksissa jatkuvasti mainitaan, että lopullisen päämäärän tavoittamiseksi tarvitaan ehdottomasti gurua. Aadi Shankaracharya[1] kirjoittaa Mundaka upanishadin selityksessään, että vaikka henkilö olisi sanskritin kielen, systemaattisen logiikan ja muiden vastaavien *sastrojen* (tieteiden) taitaja, hänen ei tulisi pyrkiä Itseoivallukseen ilman gurua.

Miksi guru sitten on niin tärkeä? Amma sanoo: "Ihmiset jotka lähtevät matkaan kartan kanssa saattavat silti eksyä ja jäädä harhailemaan. Kartassa ei myöskään kerrota matkan varrella olevista maantierosvoista tai villieläimistä. Vain kokeneen oppaan avustuksella voimme matkustaa ilman vaaroja. Jos mukanasi kulkee joku, joka tuntee tien, matkasta tulee helppo ja tasainen."

Kaikilla elämän alueilla, olipa kyseessä tiede, taide tai liike-elämä, tarvitaan opettajaa. Henkisyys ei ole poikkeus. Itse asiassa, henkisyys on tiedon hienosyisin alue, sillä siinä henkilö opiskelee omaa Itseään. Biologi käyttää mikroskooppia tutkiessaan

[1] Aadi Shankaracharyan (n.800 jKr.) selitykset ja tekstit perustuivat Advaita Vedanta- koulukunnan oppeihin.

mikrobeja, kemiassa käytetään kemikaaleja. Henkisyydessä, tieteilijä itse on oman tutkimuksensa kohde. Henkinen tieto on aistien ja älyn ulottumattomissa ja opettajaa tarvitaan sitäkin enemmän aiheen ollessa niin hienovarainen. Kuten Amma usein sanoo: "Kengännauhojen sitomiseenkin tarvitaan opettajaa". Amman kaltainen satguru ei ainoastaan selitä henkistä tietä tai poista vastaan tulevia epäilyksiä, vaan hän myös näkee selkeästi sisäisen luontomme ja auttaa meitä ylittämään tiellemme tulevat esteet. Oikeastaan Amma antaa jatkuvasti syvällistä tietoa ja näkemystä joko *dharmasta, karmajoogasta,* meditaatiosta tai korkeimmasta totuudesta. Amman huulilta virtaa ehtymätön tiedon virta. Hän on loputtoman valmis ohjaamaan ihmisiä kohti viisaampaa ja harmonisempaa tapaa elää ja ajatella. Hän pitää Amritapurissa viikoittain kysymys- ja vastaus- tilaisuuden, ja samankaltaisia tilaisuuksia järjestetään Amman maailmankiertueella retriiteissä. Amman guru-bhava ominaisuuden esiin kutsumiseksi tarvitsee vain olla kiinnostunut asiastaan[2]. Tämä osoittaa sen, että kun Amma sanoo: "Guru Ammassa tulee esiin, vasta sitten kun opetuslapsi on olemassa," hän puhuu gurusta pääasiassa kurinpitäjän muodossa.

Teoriassa henkisyyden perimmäinen päämäärä on erittäin yksinkertainen: täydellinen sulautuminen siihen kokemukseen, että se mikä meissä on todellista ja pysyvää, ei ole keho, tunteet tai äly vaan kaiken läpäisevä, ikuinen, autuas tietoisuus. Herättyämme aamulla, meidän ei tarvitse katsoa peiliin tietääksemme keitä olemme. Ei ole sellaisia epäilyksiä kuten: "Kuka minä olen? Olenko mies vai nainen? Aasi? Intialainen, amerikkalainen vai japanilainen?" Me *tiedämme* mitä olemme. Henkinen tieto tulee omaksua samalla varmuudella. On oikeastaan aika outoa, että *mielen* avulla tulemme oivaltamaan sen, että emme ole yhtä kuin

[2] Mitä vilpittömämpää kiinnostuksemme on, sitä syvällisempi on Amman vastaus.

mieli. Mieli on samalla tietämättömyyden lähde sekä vapautuksen väline.

Kuten Shankaracharya kirjoittaa:

vāyunā nīyate meghaḥ punastenaiva nīyate |
manasā kalpyate bandho mokṣastenaiva kalpyate ||

"Tuuli tuo pilvet ja jälleen ne katoavat samasta voimasta. Myös harhan kahleet ja niistä vapautuminen ovat yksin mielen aikaansaannosta."

Vivekachudamani, 172

Periaatteessa ei ole vaikeaa älyllisesti käsittää sitä, että todellinen olemuksemme on tietoisuus. Kuitenkin useiden elämien ajan olemme tottuneet ajattelemaan itsestämme täysin päinvastaista samastumalla kehoon, älyyn, tunteisiin ja liittämällä onnellisuuden pelkästään halujen täyttymiseen. Tästä ajattelutavasta on tullut niin kiinteä osa luontoamme että sitä on enää vaikea muuttaa. Amma havainnollistaa kyseistä ilmiötä esimerkillä miehestä, joka on vuosikausia pitänyt lompakkoaan housujensa taskussa. Eräänä päivänä hän päättää siirtää sen paidan rintataskuun. Jos kysyt häneltä missä hänen lompakkonsa on, niin rentoutuneessa mielentilassa hän vastaisi pitävänsä sitä nykyisin rintataskussa. Mutta jos hänellä on kiire maksaa kahvikuppinsa, hän automaatisesti pistää kätensä housuntaskuun. Hänen tekninen tietonsa ja toimintansa ovat vastakkaiset.

Eräällä kodittomalla miehellä ei ollut työpaikkaa eikä asuntoa. Hän selvityi yksinomaan syömällä mitä sai, usein jäteastioista. Eräänä päivänä hän tapasi hyväntekijän, joka etsi kodittomia kuntouttaakseen heitä. Miehelle annettiin asuipaikka ja ruokarahaa sekä rahaa opiskelua varten. Mies oli ikionnellinen hänelle osoitetusta myötätunnosta. Hän kiitti hyväntekijää ylenpalttisesti, ilmoittautui yliopistoon ja muutti koko elämänsä suunnan.

Kymmenen vuoden kuluttua hänellä oli akateeminen tutkinto ja Fortune 500- lehdessä mainittu liikeyritys. Eräänä päivänä hän ajeli limusiinissaan, polttaen kuubalaista sikaria ja katsellen katunäkymää auton tummenetuista ikkunoista. Yht'äkkiä hän huusi kuskille: "Pysähdy! Pysäytä auto heti! Mitä oikein teet, oletko tullut hulluksi?" Kuski iski jarrut pohjaan: "Mitä nyt, sir?" Koditon mies, josta oli tullut miljonääri-liikemies sanoi: " Mitä! Etkö nähnyt? Tuo mies tuolla juuri heitti menemään täysin hyvän pizzanpalan!"

Vaikka hänellä olisi nyt ollut varaa ostaa vaikka sata pizzeriaa, ymmärrys siitä ei ollut täysin juurtunut hänen mieleensä. Nähdessään pizzanpalan joutuvan jäteastiaan, hän unohti sen hetkisen tilansa ja vanhat ajatusmallit nousivat pintaan.

Lähes kuka tahansa voi osallistua "Idän filosofiat pähkinänkuoressa"- kurssille ja saada jonkinnäköisen käsityksen Vedanta- filosofiasta. Nämä ihmiset eivät kuitenkaan saavuta valaistumista. Syy löytyy heidän mielensä tilasta; mieli ei ole puhdistunut tarpeeksi, jotta se kykenisi omaksumaan henkisen tiedon. Useimmilla meistä ei ole tarpeeksi erottelukykyä, hienovaraista ymmärrystä, tiedostavaisuutta, kärsivällisyyttä tai keskittymiskykyä. Mieli on myös täynnä itsekkyyttä ja alituiseen mieltymysten ja vastenmielisyyksien armoilla. Mielen pitää olla vapaa kaikista näistä epäpuhtauksista voidakseen sisäistää henkisen tiedon. Monessa suhteessa mielen puhdistaminen on paljon vaikeampaa kuin tiedon omaksuminen. Sanotaan myös, että kun mieli on kokonaan puhdistunut, valaistuminen on vain ajan kysymys. Auttaakseen opetuslasta saavuttamaan tarvittavan mielen puhtauden, guru omaksuu kurinpitäjän roolin.

Amma sanoo: "Niin kauan kun et ole vielä saanut mieltäsi hallintaan, sinun pitää seurata tiettyjä gurun määräämiä sääntöjä ja ohjeita. Kun olet päässyt mielesi mestariksi, ei tarvitse enää pelätä mitään."

Neljä tarvittavaa ominaisuutta

Kirjoituksissa on nimetty erityiset alueet, joilla tarvitaan mielen kurinalaista valmennusta ja puhdistusta. Sen jälkeen on mahdollista omaksua henkinen tieto oikealla tavalla. Sanskritinkielellä näitä alueita kutsutaan yhteisesti nimellä *sadhana catustaya sampatti-* eli neljä tarvittavaa ominaisuutta[3]. Näitä ovat: *viveka, vairagya, mumuksutvam* ja *samadhi satka sampatti* eli erottelukyky, intohimottomuus, vapautumisen halu ja kuusi itsekuriharjoitusta, jotka alkavat mielenhallinnalla.

Tietyllä tavalla Amman kaltainen satguru on kuin valmentaja; hän ei vain opeta elämän pelisääntöjä, vaan myös katsoo, että olemme tarpeeksi kovassa kunnossa pelataksemme pelissä. Kuten kuka tahansa hyvä valmentaja, Amma tuntee pelaajiensa mielen vahvuudet ja heikkoudet. Hän myös tietää sen, miten keinoja kaihtamatta auttaa heitä pääsemään heikkouksistaan. Antamalla henkilökohtaisia neuvoja, luomalla haastavia tilanteita, korjaamalla virheitä ja auttamalla oppilasta näkemään omat heikkoutensa, Amma auttaa meitä voimistamaan ja jalostamaan mieltämme, kunnes sen on mahdollista omaksua korkein totuus. Sanotaan, että jos opetuslapsen mieli on täysin puhdistunut, hän voi oivaltaa totuuden sillä hetkellä kun se selitetään hänelle ensimmäistä kertaa. Sitä kutsutaan "välittömäksi oivallukseksi".

Viveka, vairagya ja mumuksutvam

Ensimmäinen mielen jalostamisen alue on *viveka*. Sanan todellisessa merkityksessä viveka tarkoittaa kykyä tehdä ero *atman* ja *anatman* eli Itsen ja "ei-Itsen" välillä. Sekä sisäisen että ulkoisen

[3] Niitä kutsutaan tarpeellisiksi ominaisuuksiksi, sillä Itseoivallus juurtuu ainoastaan sellaiseen mieleen, missä nämä ominaisuudet ovat kehittyneitä. Jos meiltä puuttuu jokin niistä, se tarkoittaa sitä, että meidän on vain ponnisteltava enemmän niiden kehittämiseksi, ei sitä ettemme soveltuisi henkiseen elämään.

maailman suhteen pitäisi kyetä erottamaan todellinen epätodellisesta, toisin sanoen jyvät akanoista. Tämän jatkuvan erittelevän ajatteluprosessin vuoksi henkisen tien sanotaan olevan kun partaveitsen terällä kävelyä[4]. Samaista erottelukykyä voidaan kuitenkin käyttää tavallisempienkin asioiden suhteen. Loppujen lopuksi, elämä on vain loputon sarja päätöstentekoa. Jokaisena hetkenä, jokaisessa vuorovaikutussuhteessa ja joka hengenvedolla meillä on mahdollisuus valita miten toimimme, puhumme tai ajattelemme, tavalla joka vie meidät joko kauemmas tai lähemmäs päämäärää. Toisin sanoen viveka on toimimista siinä ymmärryksessä, että ihmiselämän päämäärää – pysyvää onnellisuuden tilaa – ei voi koskaan saavuttaa väliaikaisilla asioilla.

Sitten kun ymmärrämme eron väliaikaista onnea ja ikuista onnea tuovien kohteiden välillä, alamme luonnostaan pyrkiä poispäin edellisestä kohti jälkimmäistä. Väliaikaisesta pois pyrkimistä kutsutaan vairagyaksi ja pyrkimistä kohti pysyvää mumuksutvamiksi. Näin ollen vairagya, mumuksutvam ja viveka ovat suoraan yhteydessä toisiinsa.

Mumuksutvan (palava halu saavuttaa valaistuminen) on itse asiassa ihmisellä sisäsyntyinen. Kaikki haluavat vapaaksi materiaalisen olotilan kahleista. Kaikki haluavat rajatonta onnea. Sisäsyntyinen mumuksutvam ilmenee silloin kun tunnemme turhautuneisuutta rajoitustemme tähden. Useimmat eivät kuitenkaan ymmärrä sitä, että rajoittuneisuuden tunnetta ei voida välttää silloin, jos etsimme täyttymystä rajallisista kohteista, kuten esimerkiksi aistinautinnoista, ihmissuhteista, saavutuksista jne.

Edelleen, ne harvat jotka kykenevät sen ymmärtämään eivät useinkaan saa selville sitä, että on olemassa jotakin rajatonta, jota kohden ponnistella: korkein Itse. Tähän tapaan me yritämme saada rajallisista kohteista irti mahdollisimman paljon onnea. Vasta sitten kun kuulemme, että oivaltamalla korkeimman

[4] Katha upanishad, 1.3.14

Itsen on mahdollista päästä kaikista rajoituksista, sisäsyntyinen mumuksutvamme saa voimaa auttaa meitä. Silloin meille valkenee oman mumuksutvamme voima tai heikkous. Vain jos se on kohtuullisen voimakas, alamme kehittää *vivekaa* (erottelukykyä) ja *vairagyaa* (intohimottomuutta). Muutoin jatkamme onnen etsimistä rajoituksia täynnä olevasta materiaalisesta maailmasta.

Yleisesti ottaen nämä kolme ominaisuutta vahvistuvat tekemällä *karmajoogaa*. Karmajooga ei ole mikään tietty toiminta vaan asenne, jota voidaan soveltaa mihin tahansa toimintaan. Se on työn tai toimen huolellista ja tietoista suorittamista ja työn tulosten, olivatpa ne millaiset hyvänsä, täydellinen hyväksyminen. (Karmajoogaa selostetaan yksityiskohtaisesti luvussa viisi.) Se on kuitenkin helpommin sanottu kuin tehty, etenkin kun yleensä toimintamme tärkeimmät motivaatiot ovat raha, maine ja kunnia. Näin ollen on paljon helpompi toteuttaa karmajoogaa silloin, kun halu tehdä tiettyä työtä ei tule omasta halustamme vaan gurumme on pyytänyt tekemään sen. Tämä on yksi syy siihen, miksi Amma yleensä jonkin ajan kuluttua ehdottaa, että alkaisimme tehdä jotakin työtä. Se saattaa olla keittiön siivousta, lehmien hoitoa, julkisten tilojen tai puistojen siivousta, paikallisen Amma-ryhmän tiedostuksessa auttamista tai vaikkapa Amman yliopistossa tai sairaalassa työskentelyä. Joskus se on jopa Amman henkilökohtaista avustamista. Tällaista työtä tehdessämme saamme kokemuksen työnteosta karmajoogana. Työtä saattaa olla 60 tuntia viikossa tai vain tunti-pari viikonloppuisin. Mitä se sitten sisältääkin, sen kautta kehitämme vähitellen kykyä soveltaa karmajoogan asennetta kaikilla elämän alueilla, aina monikansallisen yrityksen palkkalistoilta perhe-elämän askareisiin.

Guru-seva, gurun määräämä epäitsekäs palvelutyö ei ole orjuutta. Se ei myöskään ole maksu Amman opetuksista ja huolenpidosta. Guru on yhtä kuin luomakuntaa läpäisevä jumalallinen voima. Näin ollen Amma ei tarvitse meitä ohjelmissaan patatiskiin tai vihannesten pilkkomiseen. Myöskään hän ei tarvitse apuamme missään ashramin projekteista. Itse asiassa Amma ei tarvitse meitä palvelemaan ketään. Hänen yltäkylläisyytensä ei ole riippuvainen kyseisistä asioista. Amma tarjoaa meille tilaisuuden tehdä näitä tekoja sillä hän tietää, miten mittaamaattoman paljon hyvää näiden toimien huolellinen ja rakkaudellinen suorittaminen tuo meille. Hän tietää sen, miten paljon voimaa niillä on puhdistaa mieltä mieltymyksistä ja vastenmielisyyksistä. Ne kasvattavat mielessä intohimottomuutta ohimeneviä aistinautintoja kohtaan ja tuovat sen tilalle intohimoisen halun kokea korkeimman Itsen ikuinen autuus. Nämä kaikki ovat tarpeen, jotta voimme saavuttaa perimmäisen vapauden tilan.

Sen lisäksi Ammalla on myös ainutlaatuinen tapa auttaa meitä kehittämään mumuksutvamia ja vairagyaa: hänen *darshaninsa*. Amman hellässä halauksessa mieli hiljenee ja tilalle tulee kokemus todellisen Itsen rauhasta ja autuudesta. Se on monelle silmät avaava, kohottava kokemus. Kuten edellä jo mainittiin, se voi muuttaa ajattelutapamme ja koko arvomaailmamme. Amman darshan auttaa meitä kokemaan syvää aisteista riippumatonta rauhaa - rauhaa joka tulee sisältäpäin. Henkiselle etsijälle tuon kokemuksen muistosta muodostuu vertauskuvallinen porkkana, jonka perässä hän kulkee. Kuten eräs ashramissa vieraillut sanjaasi kerran asian ilmaisi: ”Darshan on kokemus, minkä jälkeen ei halua enää kokea mitään muuta kuin sen yhä uudelleen.”

Eräs nainen kertoi Amman darshanista seuraavalla tavalla: Lapsena hänen vanhempansa eivät halunneet antaa hänelle suklaata. Sen sijaan he antoivat hänelle karobia ja sanoivat sen olevan suklaata. Vuosikausia hän söi karobia luullen sitä suklaaksi. Ennenpitkää väistämätön tapahtui ja joku tarjosi hänelle oikeaa suklaata. Sen jälkeen hän ei enää koskaan voinut tyytyä karobiin. Amman darshanilla on sama vaikutus. Hän sanoo, että kun ihmiset saavat hänen darshaninsa, se on kuin joisi kristallinkirkasta lähdevettä sen jälkeen kun on elämänsä ajan yrittänyt sammuttaa janoaan viemärivedellä. Siis jossain määrin jo ensihetkestä alkaen, Amma auttaa meitä jalostamaan mieltämme ja näkemystämme.

Muita mielen kehittämisen alueita kutsutaan nimellä *samadi satka sampatti* eli kuusi kurinalaista harjoitusta, jotka alkavat mielen hallinnalla[5]. Näitä ovat *sama, dama, uparama, titiksha, shraddha* ja *samadhana.*

Dama

Ensimmäinen on *dama* -aistien hallinnan harjoitus. Henkisen elämän alkuvaiheissa mieli on vielä heikko ja altis aistikohteiden aiheuttamille häiriöille. Pyrimme elämään siinä uskossa, että olemme itse oman autuutemme lähde. Se ei kuitenkaan ole niin helppoa, sillä lukuisten elämien aikana olemme harjaantuneet etsimään, vaikkakin väliaikaisesti, onnea maailman kohteista. Näin ollen dama kirjaimellisesti tarkoittaa välttämistä kontaktia sellaisten aistikohteiden kanssa, jotka häiritsevät mielenrauhaa. Bhagavad-Gitassa annetaan esimerkki kilpikonnasta:

> yadā saṁharate cāyaṁ kūrmo'ṅgānīva sarvaśaḥ |
> indriyāṇīndriyārthebhyaḥ tasya prajña pratiṣṭhitā ||

> *"Hänen viisautensa on vakaalla pohjalla sitten kun hän, kuten kilpikonna vetää jäsenensä sisään, vetää aistinsa pois aistien kohteista."*
>
> Bhagavad Gita, 2.58

Vaaran uhatessa, kilpikonna vetää päänsä ja jalkansa kuoren sisään. Ulkomaailmalta piiloutuneena se on suojassa uhkaavalta

[5] *Aratissa* ylistetään Amman kykyä auttaa lapsiaan näiden ominaisuuksien kehittämisessä nimellä *sama-dama-dayini* –hän joka tekee mahdolliseksi mielen ja aistien hallinnan.

vaaralta. Samaan tapaan henkisen etsijän tulee välttää viiden aistelimensä: silmien, korvien, nenän, kosketuksen ja maun kontaktia mahdollisesti haitallisten kohteiden kanssa.

Ajatellaan esimerkiksi, että olet laihdutuskuurilla ja kotimatkasi varrella sijaitsee pizzeria ja jäätelökioski. Dama on sitä että valitsee toisen tien. Tai jos me, henkiset oppilaat, istumme bussissa ja kuulemme edessämme istuvien ihmisten puhuvan maallisista asioista, voimme pistää kuulokkeet korviimme ja kuunnella *bhajaneita* tai joitakin henkisiä puheita. Pahimmassa tapauksessa, jos näemme jotakin mitä ei ole hyväksi katsoa, niin voimme sulkea silmämme. Kaikki nämä ovat aistien hallinan eri muotoja.

Seuraava vitsi liittyy hyvin damaan. Asiakas tarkasteli leipomon vitriinissä esilläolevia herkullisia leivoksia. Myyjä saapui paikalle ja kysyi mitä hän haluaa. Asiakas vastasi: "Haluaisin tuon hillomunkin ja juustoleivoksen...mutta – taidan tyytyä kaurakuitumuffinsiin", hän huokaisi.

Amritapurin ashramissa asukkaiden on seurattava monenlaisia sääntöjä. Niiden on tarkoitus auttaa heitä hallitsemaan aistejaan. Mikä ei pääse aistien kautta sisään, ei helposti pääse sisälle mielenkään. Amma on laatinut nämä säännöt heidän omaksi parhaakseen. He ovat tulleet ashramiin tietty päämäärä mielessään, ja Amma haluaa auttaa heitä pääsemään tavoitteeseensa.

Psykologit arvostelevat usein luostarilaitosten rajoituksia. He väittävät, että ne ovat halujen tukahduttamista, josta voi seurata niin fyysisiä kuin mielenterveysongelmiakin. He ovat osittain oikeassa. Sellaisia ongelmia voi todellakin seurata halujen *tukahduttamisesta.* Henkisen etsijän dama ei kuitenkaan ole tukahduttamista vaan halujen muuntamista. Se perustuu siihen ymmärrykseen, että aistinautinnosta kumpuava halu on este korkeamman päämäärän saavuttamiselle. Amma sanoo että tätä voidaan verrata opiskelijaan, joka opiskellakseen jättää väliin illanvieton kavereiden kanssa tai diabeetikkoon, joka yrittää vältää

sokerin käyttöä. Hänen kieltäymyksensä johtuu ymmärryksestä ja erottelukyvystä. Näin ollen hänen kehonsa ja mielensä ovat tasapainossa, eikä tällöin tapahdu minkäänlaista romahdusta. Lapsi saattaa elää siinä uskossa, että hänen nallensa suojelee häntä kaapissa eläviltä hirviöiltä. Jos hänet pakotettaisiin luopumaan nallestaan, tällä voisi olla negatiivinen vaikutus hänen psyykelleen. Mutta se ei luonnollisestikaan ole vahingollista, kun hän vähän kasvettuaan luopuu kuvitelmastaan ja alkaa itse nukkua ilman nallea. Todellinen dama perustuu siihen ymmärrykseen, että aistinautintojen kohteet ovat itsessään hyödyttömiä, ei siihen että ne olisivat moraalisessa mielessä "pahoja".

Eräänä päivänä munkki, joka oli vuosikymmeniä harjoittanut askeesia kammiossaan, sairastui vakavasti. Useat lääkärit kävivät katsomassa häntä, mutta kukaan heistä ei osannut tehdä diagnoosia. Vihdoin oli psykiatrin vuoro. Lyhyen keskustelun jälkeen psykiatri sanoi hänen ongelmansa liittyvän tukahduttamiseen. "Kahdenkymmenen vuoden ajan olet luopunut maailmasta ja kaikista maallisista nautinnoista. Ota vähän rennommin ja vietä kunnon elämää. Ehdotan, että menet ulkomaailmaan ja käyt vaikka ajelemassa maaseudulla."

"Se ei ole mahdollista" munkki sanoi "Olen luopunut kaikesta sellaisesta. Olen vannonut valat! Olen omistanut elämäni *askeesille* enkä millekään riemuretkille!"

Psykiatri vakuutti munkille, että hänen oli joko otettava rennommin tai kuoltava. Munkki sulki silmänsä ja mietiskeli hetken. Kymmenen sekunnin kuluttua hän avasi silmänsä ja huokaisi: "Ok, mutta hanki minulle sitten Mercedes- avoauto ylellisillä nahkaistuimilla ja huippustereoilla."

Aistien hallinnan tulee perustua oikeanlaiseen ymmärrykseen. Pelkästään halujen tukahduttaminen saa ne kasvamaan ja lopulta ottamaan ylivallan.

Sama

Seuraava harjoitus on nimeltään *sama* - mielen hallinta. On tietenkin mahdotonta eristää itsensä täysin niiltä aistien kohteilta, jotka saattavat olla haitallisia. Pidimmepä siitä tai emme, jotkut niistä pakostakin pääsevät aistien kautta mieleen ja jättävät sinne jälkensä. Kun muistijälki on jo muodostunut, tulee se aika ajoin väkisinkin tietoisen mielen pintaan. Ja vaikka jotenkuten kykenisimmekin välttämään näkemästä tai kuulemasta epähenkisiä asioita, mieli on jo itsessään täysin kykenevä negatiivisuuteen. Meillä kaikilla on kokemusta siitä, miltä tuntuu joutua negatiivisten ajatusten uhriksi. Ajatellaanpa sitä, että huomaamme ajattelevamme kielteisiä ajatuksia jostakusta toisesta: tuttavasta, työkaverista tai perheenjäsenestä. Ehkäpä olemme ylikriittisiä jotakin hänen luonteenpiirrettään tai vajaavaisuuttaan kohtaan. Tässä kohtaa *sama* tulee mukaan. Vaikkakaan tällaisia ajatuksia ei täysin voida estää, ne voidaan kitkeä pois jo nuppuvaiheessa. Eräs menetelmä soveltaa *samaa* on korvata negatiivinen ajatus positiivisella. Sen voi tehdä toistamalla *mantraa,* muistelemalla jotakin Amman kanssa vietettyä hetkeä tai tietoisesti ajattelemalla jotakin kyseisen henkilön hyvää ominaisuutta.

Toinen Amman suosittelema menetelmä on älyllisesti päästä eroon negatiivisesta ajatuksesta kysymällä itseltään: "Auttaako tämä ajatus todella minua? Auttaako se yhteiskuntaa? Auttaako tämän ajattelu minua saavuttamaan elämäni päämäärän? Jos näen vain muiden ihmisten negatiivisuuden, miten silloin voin koskaan kokea koko luomakunnan yhteyden?" Ajattelemalla tähän tapaan, voimme myös tuhota mahdolliset vahingolliset ajatukset.

Seuraavaksi kysymme, miten Amman gurubhava voi auttaa meitä tässä asiassa? Daman suhteen se tuntuu olevan mahdollista. Amma voi asettaa rajoituksia. Mutta voiko hän puuttua siihen, mitä tapahtuu yksityisesti päämme sisällä? Vaustaus on: kyllä voi. Mitä sevan tekoon ashramissa tulee, Amma voi olla aika tiukka työnjohtaja. Jos hän tulee tietoiseksi huolimattomasti tehdystä työstä, aivan varmasti hän kutsuu asianosaisen paikalle. Amman antama nuhtelu jättää pysyvän jäljen henkilön mieleen, mikä saa hänet tulevaisuudessa toimimaan tietoisemmin. Tai sen sijaan että moittisi jotakuta, Amma saattaa rankaista itseään, yleensä paastoamalla. Jos rakastamme Ammaa edes hiukan, hänen sydäntä särkevä tekonsa jättää paljon syvemmän mielikuvan kuin mitkään maailman moitteet.

Takavuosina ollessani vielä pankissa töissä, tapasin tupakoida aina silloin tällöin. Oikeastaan yksi niistä syistä miksi tein sitä, oli se että pysyisin valppaana töissä valvottuani yöt Amman Devi- ja Krishna bhava- darshaneissa. Joka tapauksessa, siitä oli kehittymässä tapa. Sitten eräänä yönä, lyhyen bhava-darshaneitten välisen tauon aikana menin hakemaan Ammalle kupillisen teetä läheisestä teekojusta. Siinä ulkona seisoskellessani, ajattelin vetäväni pikaiset sauhut maidon kiehumista odotellessa. Teen valmistuttua tumppasin tupakan, pesin käteni, huuhtelin suuni ja vein teekupin Ammalle. Heti kun olin ojentanut sen hänelle, hän sanoi: "Etkös käynytkin tupakalla?" Minun oli pakko myöntää. Amma katsoi minua epämukavan näköisesti ja sanoi: "Sitten en halua sitä." Minusta tuntui todella pahalta, sillä yleensä tuo yksi kupillinen teetä oli ainoa ravinto, mitä Amma nautti koko yön aikana. Nyt minun tekoni takia hän ei aikonut juoda edes sitä.

Seuraavana päivänä töissä aloin himoita tupakkaa. Aloin välittömästi ajatella Ammaa katsomassa minua tuo ilme kasvoillaan ja sanomassa: "En halua sitä." Ajattelin myös sitä, miten hän oli paastonnut koko yön. Päätin olla polttamatta. Se ei ollut ainoa kerta. Sen jälkeen, joka kerran kun suunnittelin tupakan polttamista, ajattelin Ammaa paastoamassa. Pian olin lopettanut tupakoinnin kokonaan.

Kun Amma omaksuu guru bhavansa ja nuhtelee meitä tai rankaisee itseään, jättää se mieleemme syvän muistijäljen. Halu välttää vastaavanlainen kohtaaminen hänen kanssaan tulevaisuudesssa tekee meidät erityisen valppaiksi. Se auttaa meitä keskittymään seuraavalla kerralla toimissamme yksityiskohtiin. Näin työstämme tulee meditaatiota. Vaikka tietoisuutta kasvatetaankin kiinnittämällä huomiota *ulkoisiin* yksityiskohtiin, sitä voidaan käyttää myös suhteessa *sisäisiin* yksityiskohtiin. Tämä sisäinen valppaus on ehdottoman tärkeää *saman* onnistumiselle. Vain jos olemme välittömästi tietoisia vahingollisista ajatuksista tai impulsseista, voimme kitkeä ne mantran toistolla tai erottelukysyisellä ajattelulla. Joten Amma kurinpitäjän roolissaan voi auttaa meitä myös tässä suhteessa.

Uparama

Uparama on itse kunkin oman *dharman* (velvollisuuksien) järkkymätöntä toteuttamista. On sanomattakin selvää, että perheellisen dharma on erilainen kuin brahmacharin tai sanjaasin. Meille Amman lapsille on olemassa myös yhteisiä dharmoja, kuten päivittäinen *archana,* mantran toistaminen, meditaatio, seva jne. Oikeastaan kaikki mitä Amma käskee tehdä, on meidän, hänen lastensa dharmaa. Ashramissa Ammalla on oma erityinen tapansa auttaa brahmachareja noudattamaan säännöllistä aikataulua harjoituksissaan. Jokin aika sitten Amman tietoon tuli, että monet brahmacharit olivat jääneet pois aamuarchanasta, *Lalita Sahasranaman*[6] resitaatiosta joka alkaa puoli viideltä joka aamu. Samana tiistaina, ashramin asukkaiden tullessa hakemaan Ammalta *prasadia,* Amma luki ääneen kaikkien niiden nimet jotka olivat jääneet pois. Syyllisten piti astua esiin. Amma sanoi: ”Tämä on ashram. Täällä olevat säännöt ovat omaksi parhaaksenne. Nyt teidän täytyy kärsiä rangaistus. Ottakaa lautasenne, rummuttakaa niitä lusikalla ja kävelkää ashramin ympäri laulaen:

[6] Jumalallisen Äidin tuhat nimeä.

”Menen tästä lähtien archanaan. En enää toista tätä virhettä! Menen tästä lähtien archanaan. En enää toista tätä virhettä!” Pian ashram täyttyi lusikoiden rummutuksesta metallilautasia vasten ja noin kymmenen brahmacharin hillitystä laulannasta. Heidän palattuaan Amma sanoi: ”Olemme kaikki henkisyyden lastentarhalaisia. Meidän tulee noudattaa tiettyjä sääntöjä ja ohjeita. Olemme kaikki ylpeitä kehostamme ja olemuksestamme. Tulemme muistamaan tämän rangaistuksen, ja se tekee meidät tietoisemmiksi seuraavalla kerralla. Kasvattamalla tietoisuuttamme, voimme tulla niin valppaiksi, että edes pieninkään negatiivinen ajatus ei pääse huomaamatta mieleemme. Näin tietoisia meidän pitää olla.”

Titiksha

Titiksha on kyky säilyttää mielenrauha ja kärsivällisyys erilaisissa tilanteissa ja olosuhteissa kuten kuumassa, kylmässä, kivussa ja mielihyvässä. Lyhyesti sanottuna se tarkoittaa kuhunkin tilanteeseen sopeutumista. Yksi parhaista keinoista, joilla Amma kehittää meissä titikshaa, ovat hänen Intian kiertueensa. Näillä kiertueilla ashramilaiset matkustavat busseissa, joiden istuimet eivät ole mukavimmat mahdolliset. Yleisesti ottaen paljon toivomisen varaa olisi jalkatilan, pehmusteiden ja iskunvaimennuksen suhteen. Joskus ashramilaiset jopa seisovat vuorotellen, koska istuimia ei ole tarpeeksi. Usein bussien käytävät ovat täynnä patoja, kattiloita, laatikoita, arkkuja ja kaiuttimia. Paikoitellen tiet ovat kunnollisia, mutta joskus tuntuu siltä kun ajettaisiin kuun pinnalla ylös ja alas kraatereita. Päiväsaikaan on hyvin kuuma, eikä ilmastoinnista ole tietoakaan. Mitä tämä kaikki oikein on? Itse asiassa se on eräs Amman tavoista auttaa oppilaitaan kasvattamaan kestokykyään. Kipu on suhteellista. Sen mitä joku pitää erittäin tuskallisena, voi vahvamielinen henkilö sivuuttaa olankohtautuksella. Kukaan ei omin päin matkustaisi siihen tapaan. Mutta silloin kun tarjoutuu kultainen tilaisuus olla Amman kanssa, niin eivät ainoastaan ashramin asukkaat odota kiertueita innolla, vaan Amman seuraajat ympäri maailmaa tulevat ottamaan osaa. Ymmärtäen tällaisten ankarien harjoitusten tärkeyden, he halukkaasti ottavat osaa ja päättävät kiertueensa henkisesti paljon vahvempina.

Sraddha

Sraddha on ehdoton luottamus ja usko gurun sanoihin ja pyhiin kirjoituksiin. Meistä saattaa tuntua siltä, että meillä on vahva usko, mutta lähempää katsottuna huomaamme sen olevan aika rajallisen. Amma sanoo että "Näinä päivinä usko on kuin keinotekoinen raaja. Se ei ole elinvoimainen. Meillä ei ole sydämestä tulevaa uskoa, eikä sillä ole syvällistä vaikutusta elämäämme".

Kerran eräs mies oli kävelemässä vuorilla ja nautti täysin rinnoin näkymistä, kun hän yllättäen astui jyrkänteeltä ja alkoi pudota. Epätoivon vallassa hän kurotti kättään ja sai kiinni jyrkänteen seinämällä kasvavan vanhan puun oksasta. Kauhuissaan hän kartoitti tilanteensa. Hän oli noin 50:n metrin päässä tasanteelta, ja kanjonin pohjalle oli matkaa viisisataa metriä. Hän huusi apua, mutta ei saanut vastausta. Hän huusi yhä uudelleen, mutta turhaan. Lopulta hän huusi: "Onko siellä ylhäällä ketään?" Kumea ääni vastasi: "Olen täällä ylhäällä."

-Kuka siellä on?

-Jumala

-Voitko auttaa?

-Kyllä, voin auttaa. Sinun täytyy nyt uskoa minua.

-Hyvä on, uskon. Auta nyt minua, ole kiltti!

Kumea ääni vastasi: "Ok, haluan että luotat minuun ja päästät irti." Mies katsoi ympärilleen paniikin vallassa. Hän ei voinut uskoa korviaan: "Siis mitä?" Ääni toisti: "Luota minuun, päästä irti, otan sinut kiinni." Silloin mies huusi: "Tuota...Onko siellä ylhäällä ketään muita?"

Uskoa ei voi pakottaa edes kurinalaisilla, askeettisilla harjoituksilla. Silti Amma auttaa meitä uskomme vahvistamisessa. Kenenkään muun kuin valaistuneen mestarin sanoilla ei ole yhtä suurta voimaa ja auktoriteettia. Näin siksi, että se totuus mitä hän julistaa perustuu sataprosenttisesti hänen omakohtaiseen kokemukseensa. Millään pyhällä kirjoituksella, filosofilla tai kirjanoppineella ei ole sellaista vaikutusta. Satgurun jokainen sana ja teko heijastaa sitä tosiasiaa, että hän on yhtä korkeimman totuuden kanssa ja että meillä jokaisella on mahdollisuus oivaltaa tuo totuus.

Henkisellä tiellä tulemme myös huomaamaan, että luottamus lisää luottamusta. Intialaisessa kulttuurissa uskoa aletaan kehittää jo lapsen tullessa maailmaan. *Samskarat* eli syntymärituaali, nimenanto, ensimmäinen syöttö, kouluunmeno - rituaali, hääseremoniat jne. punoutuvat elämän kudokseen sellaiseen tapaan, että henkilössä kasvaa tasaisesti usko ja luottamus uskontoon ja henkisen perinteen voimaan ja pätevyyteen. Kun hän sitten saapuu gurun luo, vahva usko henkisiin arvoihin on jo kehittynyt omakohtaisen kokemuksen kautta. Gurun johdatuksessa hänen uskonsa jatkaa vahvistumistaan. Esimerkiksi guru saattaa pyytää meitä tekemään jotakin, joka on meille vaikeaa. Ehkäpä hän pyytää meitä tekemään jotakin työtä, johon koemme olevamme täysin epäpäteviä. Jos luotamme guruun ja toimimme epäröimättä, saamme selville että pelkomme ovat olleet perusteettomia. Tämä kokemus kasvattaa uskoamme entisestään. Toisaalta jos annamme estoillemme periksi emmekä noudata gurun ohjeita, pelkomme vain kasvavat entisestään. Uskon johdattelemana mieli on erinomainen palvelija. Jos taas annamme mielen määrätä, siitä tulee tyrannimainen johtaja.

Samadhana

Samadhana on täydellistä keskittymistä. Tämä on ainoastaan mahdollista tekemällä gurun määräämiä henkisiä harjoituksia kuten meditaatiota, *mantra japaa* ja muuta resitaatiota ja laulamista. (Näihin perehdytään tarkemmin kahdeksannessa luvussa.) Ennen kuin halumme vapautua on tarpeeksi voimakas, emme omin päin saisi tehtyä näitä harjoituksia säännöllisesti. Siksi Amma on luonut ashramiin tarkan aikataulun jokaisen oppilaan noudatettavaksi; se auttaa heitä kehittämään keskittymiskykyään.

Keskittymiskykyä ei tarvita pelkästään meditaatioon tai gurun opetusten kuunteluun. Sitä tarvitaan myös elämän päämäärän saavuttamiseen. Tämän tyyppistä keskittymistä Amma kutsuu nimellä *lakshya bodha,* päämäärän jatkuva tiedostaminen. Amman ashramissa voi nähdä monessa paikassa, esimerkiksi hisseissä, näyttöpäätteissä ja autoissa tarroja joissa lukee: "Muista toistaa mantraasi." Jos meillä on oikeanalainen asenne, niin jokainen ajatus gurusta voi toimia tällaisen tarran tavoin.

Meidän ei pidä kuvitella, että jonakin päivänä Amma kutsuu meidät luokseen ja ilmoittaa että tänään alkaa guru-oppilas suhteemme. Se ei käy niin. Amma arvioi itse kunkin kypsyyden, luopumisen tason, intohimottomuuden ja päämäärätietoisuuden voimakkuuden ja toimii sen mukaan, aina ottaen huomioon koko kuvion. Jotkut ovat enemmän tai vähemmän valmiita, toiset taas tarvitsevat vähän lisää aikaa. Mikään ei ole mustavalkoista. Amma vaatii meiltä juuri sen verran kurinalaisuutta kuin mihin olemme valmiita. Sen lisäksi jokainen on erilainen, eivätkä kaikki tarvitse henkilökohtaista (kurinalaista) ohjausta Ammalta. Ashramissa on ihmisiä, jotka ovat asuneet siellä 20 vuotta eikä Amma ole koskaan korjannut heidän virheitään henkilökohtaisesti. Sitten on taas henkilöitä, jotka eivät ole koskaan aikaisemmin edes käyneet Amritapurissa ja joiden suhteen Amma ottaa tiukat otteet heti alusta alkaen. Kaikki tämä osoittaa sen, että Ammalla on tilanteesta meitä laajempi näkemys, hän ottaa huomioon itse kunkin menneisyyden, nykyhetken ja tulevaisuuden ja toimii sen mukaan.

Amma sanoo, ettei voi asettaa mitään yleisiä sääntöjä sille, miten gurun tulisi toimia opetuslastensa suhteen. "Guru ohjaa oppilastaan eri elämien aikana kertyneiden *vasanoiden* (piilevät taipumukset) mukaan. Jopa samassa tilanteessa olevien oppilaiden suhteen guru saattaa toimia eri tavalla. Se ei välttämättä vaikuta kovinkaan järkevältä tavalta toimia, mutta ainoastaan guru tietää syyn siihen. Hän päättää miten toimia heikentääkseen kyseisen henkilön vasanoita ja johdattaakseen hänet päämäärään. Gurun päätöksiin mukautuminen edesauttaa hänen henkistä kasvuaan. Joskus kaksi oppilasta saattaa tehdä saman virheen ja mestari voi olla vihainen toiselle, kun taas käyttäytyy toista kohtaan rakastavasti, aivan kuin mitään ei olisi tapahtunut."

Ennenkaikkea guru työstää oppilaan egoa. Hän toimii samaan tapaan kuin kuvanveistäjä, joka muotoilee valtavaa kivenlohkaretta. Kiven kannalta se saattaa vaikuttaa kivuliaalta, mutta mestari näkee kiven sisässä olevan kauniin Jumalan kuvan. Prosessia ei voi kiirehtiä ja guru työskentelee varovasti. Näin voi toimia ainoastaan mestarillinen kuvanveistäjä. Muut voisivat halkaista kiven ja tuhota sen sisällä esiin tulemistaan odottavan kauneuden.

Ainoa ero oppilaan ja kiven välillä on se, että kivellä ei ole muuta mahdollisuutta kun antautua. Oppilas voi aina lähteä karkuun saatuaan tarpeekseen. Sitä tapahtuu aika ajoin. Guru voi koskettaa meissä joitakin hyvin kipeitä kohtia, ja Amman kaltainen satguru tietää täsmälleen mitä ne ovat! Intiassa on ihmisiä, joita kutsutaan *marmikoiksi,* he tuntevat kaikki kehossa sijaitsevat pikkuruiset hermopisteet ja siten kykenevät lamaannuttamaan henkilön pelkällä sormen painalluksella. Ammalla on samanlainen kyky. Vain sanomalla yhden lauseen, hän voi tehdä meistä täysin voimattomia. Sen lisäksi hän kykenee salaamaan sen muilta läsnäolijoilta. Kaikista muista se saattaa vaikuttaa hyvältä vitsiltä, yhdeltä Amman *liiloista,* (jumalallinen leikki), tai jopa kohteliaisuudelta. Vain Amman maalitauluna ollut tietää, kuinka tarkka ja terävä nuoli on ollut.

Muistan erään tapauksen muutaman vuoden takaa. Amma oli antamassa darshania ja joku kysyi häneltä: "Amma aina kun tulen ashramiin, kuulen monia kauniita bhajaneita. Mistä ne kaikki oikein tulevat? Kuka kirjoittaa niitä?" Amma vastasi: "Monet ihmiset kirjoittavat niitä: Amman seuraajat, brahmacharit, brahmacharinit, swamit..." Sitten osoittaen erästä lähellään istuvaa brahmacharia hän sanoi: "Hän on kirjoittanut joitakin erittäin kauniita lauluja."

Näennäisesti se oli kohteliaisuus, mutta todellisuudessa se oli täsmäisku Amman kuvanveistäjän taltasta. Brahmachari oli todellakin kirjoittanut useita bhajaneita ja antanut ne Ammalle, mutta hän ei ollut vielä laulanut mitään niistä. Viikko sitten hän oli lähestynyt Ammaa ja sanonut hänelle: "Olen kirjoittanut sinulle paljon bhajaneita, mutta et ole koskaan laulanut yhtäkään niistä. Toiset ovat antaneet sinulle bhajaneita, jotka eivät ole yhtä hyviä kuin minun ja laulat niitä heti. Olen varma että rakastat heitä enemmän kuin minua."

Amma oli vastannut: "Poikani, sanot että olet 'antanut' nuo laulut Ammalle, mutta oletko? Jos joku todella antaa jotakin toiselle, se ei ole enää hänen. Jos joku sydämestään luovuttaa jotakin toiselle, silloin se ei enää kuulu hänelle. Se kuuluu lahjan vastaanottajalle, se on todellista antamista. Sinun lahjallasi tuntuu olevan paljon ehtoja."

Kyseisen brahmacharin bhajanit saattoivat olla esteettisesti ja teknisesti erinomaisia. Kuitenkaan hänen gurunaan Amma ei ollut kiinnostunut upeiden bhajaneiden laulamisesta, vaan antamaan hänelle opetuksen[7] siitä miten ego ilmenee tunteena,

[7] Muutaman viikon päästä Amma alkoi todellakin laulaa joitakin brahmacharin tekemiä bhjaneita.

että *minä* olen tekijä. Ammalla on aina mielessään meidän parhaamme. Vaikkakin joskus kivuliaita, tällaiset kokemukset ovat kallisarvoisia. Amma käyttää aikaa kiven muotoiluun, korjaamiseen, kiillottamiseen.

Muistan lukeneeni jostakin gurua ylistävän säkeen, mikä kuului näin:

jos olosi on kuin hiirellä
jonka häntä on kissan tassun alla,
tiedä silloin, että guru pitää sinua
lujasti sydäntään vasten

Meidän pitäisi aina pitää yllä tätä ymmärrystä. Muuten kuten brahmachari, joka 'lahjoitti' tekemänsä laulut Ammalle, saatamme alkaa arvostella gurua. Saatamme virheellisesti luulla, että hänen toimintansa motiivit eivät ole omaksi parhaaksemme, vaan perustuvat hänen omiin mieltymyksiinsä ja vastenmielisyyksiinsä.

Muistan erään ashramissa asuneen perheen. Ulkoisesti he näyttivät olevan läheisiä Amman kanssa. Mutta sitten kun Amma ottikin *gurubhavan*, he kiireesti pakkasivat kamppeensa ja lähtivät sanoen: "*Guruvayurappan*[8] riittää meille!" Jumalan palvojat rukoilevat aina Jumalaa, että Hän ottaisi muodon ja vierailisi heidän luonaan. Kun se sitten tapahtuu, he toivovat että hän palaisi sinne mistä tulikin!

Sisäinen Guru

Satguru ei ainoastaan osoita meille heikkouksiamme vaan myös auttaa meitä näkemään ne itse. Vähitellen maailma alkaa näyttää yhä enemmän peililtä, mistä näemme kaiken kielteisyytemme ja luonteemme heikkoudet. Amma sanookin, että ulkoisen gurun tavoite on auttaa meitä herättämään sisäinen guru. Kun olemme

[8] Sri Krishnaa kuvaava patsas eräässä temppelissä lähellä Thrissuria.

päässeet tälle aaltopituudelle, silloin koko maailmasta tulee guru. Silloin näemme ulkoiselta gurulta saamamme opetukset kaikessa: perhe- ja työelämässä, sosiaalisessa kanssakäymisessä, jopa luonnossa. Amma sanoo, että se oli hänen kokemuksensa jo lapsena.

Hän sanoo että "Koko maailma on Amman guru. Jumala ja guru ovat läsnä jokaisessa, mutta niin kauan kun meillä on egoa, emme tiedosta sitä. Ego toimii verhon tavoin ja peittää sisäisen gurun. Sitten kun löydät sisäisen gurusi, tulet näkemään gurun kaikkialla maailmassa ja koko maailmankaikkeudessa. Kun Amma löysi sisäisen gurunsa, silloin kaikesta, jopa jokaisesta hiekanjyväsestä tuli hänen gurunsa. Saatat ihmetellä oliko jopa okaan piikki Amman guru. Kyllä, jokainen piikki oli hänen gurunsa, sillä jos piikki pistää jalkaasi, tulet valppaammaksi kulkemallasi tiellä. Siten piikki auttaa sinua välttämään muita okaita tai putoamasta syvään kuoppaan. Amma näkee myös oman kehonsa gurunaan, sillä kun pohdiskelemme kehon väliaikaisuutta, tulemme oivaltamaan, että Itse on ainoa ikuinen totuus. Kaikki Amman ympärillä olevat asiat johdattivat häntä kohti hyvyyttä ja siksi Amma kunnioittaa kaikkea."

Ulkoisen gurun tehtävä on viedä meidät tähän pisteeseen, mutta hän ei myöskään jätä meitä siihen. Päinvastoin, sen jälkeen guru on kanssamme kaiken aikaa: hän syö, kävelee, työskentelee ja jopa nukkuu kanssamme. Näin siksi, että meistä on tullut yhtä gurun opetusten kanssa ja minne tahansa mielemme kulkeekin, ne seuraavat mukana. Sen lisäksi meillä on tieto siitä että gurun todellinen olemus – tietoisuus – läpäisee universumin. Kun pääsemme tähän pisteeseen, on kuin matkustaisimme pikajunassa. Enää ei pääse pois kyydistä, koko elämä eletään yhteydessä satguruun.

4. Luku

Amman ashramin tarkoitus

”Ashram ei ole vain kokoelma erilaisia rakennuksia, temppeleitä ja puita. Se on pikemminkin satgurun armon ilmentymä. Se on elivoimainen, dynaaminen ja elävä yhteisö, joka edesauttaa vilpittömän oppilaan pyrkimystä kohti ykseyden tilaa.”

—Amma

Henkisestä kehityksestä kiinnostuneelle ei ole otollisempaa paikkaa kuin valaistuneen mestarin ashram. Amritapuri on kuin yliopisto: se on täydellinen paikka henkisten opetusten opiskeluun, harjoittamiseen ja sisäistämiseen. Kun on löytänyt tiensä sinne, ei enää tarvitse mennä muualle.

Vaikka Amritapuri vaikuttaakin usein enemmän festivaalialueelta kuin luostarilta, Amma takaa sen että saamme kaiken, mitä henkinen kasvumme tarvitsee, sekä fyysisellä että hienojakoisella tasolla. Tässä suhteessa Amman ashram on tarkoituksellisesti ”todellisen maailman” mikrokosmos, jossa kohtaamme kaikenlaisia ihmisiä ja tilanteita. Jos meillä on oikea asenne, se auttaa meitä kypsymään henkisesti. Ashram-kokemusta voi verrata uimataidon opetteluun altaassa sen sijaan, että sukeltaisi suoraan meren aaltoihin. Pysyttelemällä jatkuvasti Amman, mestarillisen hengenpelastajan silmien alla, voimme turvallisesti opetella uimaan elämän aallokossa. Sen jälkeen voimme uida missä vain. Kuten Amma sanoo: ”Hyvä uimari nauttii meren aalloissa leikkimisestä. Sen sijaan uimataidottomalle ne ovat pelottavia ja voivat koitua kohtalokkaiksi.”

Monet kokevat ensimmäisellä vierailullaan Amman ashramiin tulleensa kotiin. Vaikka he eivät ole käyneet siellä aikaisemmin, heistä tuntuu siltä, kuin he olisivat ensimmäistä kertaa elämässään todella löytäneet kotinsa. Tämän kirjan julkaisun aikoihin Amritapurin ashramissa asui yli 3000 täysiaikaista asukasta; *sanjaaseja, brahmachareja* ja *brahmacharineita* sekä perheellisiä. Sen lisäksi Amritapuri on yhtenä viidestä Amrita-yliopiston kampuksista noin 3000 opiskelijan koti. Sitten on satoja vierailijoita joka puolelta maailmaa. Jotkut heistä jäävät jopa puoleksi vuodeksi. Lisäksi tuhansia ihmisiä tulee vain yhdeksi päiväksi vierailulle Amman darshaniin. Monella tapaa ashramista, joka oli joskus Amman vanhempien koti, on tullut kokonainen kylä.

Amma vertaa ashramia usein suurperheeseen. Perinteen mukaan Intiassa vaimo tulee asumaan miehen perheen kotiin, jos ei samaan taloon niin ainakin yhteiseen talouteen. Jotkut niistä ovat valtavia. Muistan Amman vierailleen vuonna 2007 Tiruchinapallissa Tamil Nadussa sijaitsevassa Sri Ranganathan temppelissä. Siellä erääseen talouteen kuului 70 henkeä. Mutta ei se vielä mitään. Lakkurissa, Karnatakassa on perhe, jonka 170 jäsentä elävät yhteistaloudessa! Entisaikaan suurin osa perheistä eli näin Intiassa. Nykyisin suositaan ydinperhettä. Vallitseva näkemys on, että vain vanhemmat ja heidän lapsensa mahtuvat saman katon alle. Kun lapset ovat tarpeeksi vanhoja, he haluavat muuttaa pois kotoa omiin asuntoihinsa. Amma sanoo että suurperheissä kasvaneet lapset ovat yleisesti ottaen kypsempiä ja henkisesti vahvempia, kuin perheen ainoa lapsi tai lapsi, jolla on vain yksi tai kaksi sisarusta.

Amritapurissa eläminen on samankaltaista, vain paljon suuremmassa mittakaavassa. Suurperheissä jokainen ainakin kuuluu samaan kulttuuriin ja puhuu samaa kieltä. Amritapurissa on ihmisiä 50:stä eri maasta ja he puhuvat monia eri kieliä. Amma vertaa näin monen ihmisen yhteisössä asumista ja työskentelyä kivimyllyyn. Satoja särmikkäitä kiviä pistetään yhdessä myllyyn ja niiden hankautuessa toisiaan vasten särmät kuluvat pikkuhiljaa pois. Lopulta kivet ovat sileitä, hiottuja ja kiiltäviä.

Tämän päivän maailma on sen täydellinen vastakohta. Kaikki piileskelevät toisiltaan. Työntekijä piilottelee pomoltaan, mies vaimoltaan ja vaimo mieheltään. Lapset piilottelevat vanhemmiltaan ja vanhemmat lapsiltaan. Kuten Amma sanoo: ”Jos talossa asuu neljä ihmistä, he kaikki elävät kuin olisivat erillisiä saarekkeita.”

Tämä muistuttaa minua erään henkilön näyttämästä pilakuvasta. Kuvassa vaimo, iso ja lihava nainen piteli kädessään kaulinta ja huusi sängyn alla olevalle pienelle, hintelälle miehelleen: ”Jos olet mies, tulet pois sieltä!” Mies oli käpertynyt mahdollisimman kauas nurkkaan. Sieltä hän huusi takaisin: ”Minä olen isäntä talossa ja tulen pois milloin itse haluan!”

Kuvittelemme, että eristäytyminen on oma valintamme, mutta tosiasiassa annamme oman epävarmuutemme ja yliherkkyytemme eristää meidät. Voitonriemuisina hallitsemme ’sängyn alla olevaa aluettamme’. Samalla olemme autuaan tietämättömiä siitä, että eristämme itsemme koko muusta talosta.

Tänä päivänä jokainen haluaa oman huoneen, oman toimiston ja oman auton. Käsissämme jopa modernit kommunikointivälineet kuten kännykät ja internet saavat meidät vain etääntymään ja eristymään entisestään. Sen seuraksena on kasvanut uusi sukupolvi, jolla ei ole mitään kykyä kohdata pienintäkään vastoinkäymistä menettämättä mielenrauhaansa. Heti pienenkin ristiriidan kohdatessamme raivostumme tai masennumme täysin. Omassa, eristetyssä maailmassamme ei ole ketään, joka pitäisi itsekkyytemme ja egomme kurissa. Meistä tulee täysin itsekeskeisiä ja kykenemättömiä ottamaan huomioon muiden tunteita ja näkemyksiä.

Vuonna 2007 Amma puhui Cinema Verité -filmifestivaaleilla Pariisissa. Puheen nimi oli "Myötätunto, ainoa tie rauhaan". Amma puhui pitkään luonnon ja ihmiskunnan välillä vallitsevasta epäharmoniasta. Hän antoi myös listan ehdotuksia siitä, mitä voitaisiin tehdä tilanteen korjaamiseksi. Yksi näistä ehdotuksista oli autoilu kimppakyydillä. Hän puhui ensin kimppakyydin kaikista muista hyödyllisistä vaikutuksista kuten saasteen, polttoaineen kulutuksen ja liikenneruuhkien vähenemisestä. Sitten Amma sanoi: "Kaikista tärkeintä olisi, että se lisäisi ihmisten välistä rakkautta ja yhteistyötä". Selvästikin Amman mielestä ihmisten eristäytymisellä toisistaan on negatiivinen vaikutus sekä yksilön omaan mieleen että koko yhteiskuntaan. Ashramissa eletään samalla periaatteella, se on kuin suuri kimppakyyti.

Ashram tarjoaa ihanteellisen ympäristön henkisille harjoituksille. Seuraavissa luvuissa tulemme näkemään, että henkiset harjoitukset voidaan jakaa kolmeen osaan: *karmajooga*, meditaatio ja itsetutkiskelu. Viidennessä luvussa puhutaan siitä, miten karmajoogan pääasiallinen tarkoitus on auttaa meitä kehittämään *vairagyaa*, pääsemään eroon mieltymyksistä ja vastenmielisyyksistä, jotta meillä olisi edes jonkinlaista mielenrauhaa. Tällaiselle henkiselle harjoitukselle ei ole parempaa paikkaa kuin Amritapuri. Jonkin heikkouden voittamiseksi pitää tulla ensin siitä tietoiseksi. Amritapurissa ei ole mitään paikkaa minne voisimme sulkeutua, ei mitään sängynalusia mihin piiloutua. Amritapuri voi todellakin olla epämukava paikka, jos on päättänyt pitää kiinni mieltymyksistään ja vastenmielisyyksistään. Toisaalta jos ymmärtää niiden olevan epätoivottuja, rajoittavia tekijöitä, silloin Amritapurista tulee ihanteellinen harjoituspaikka.

Ashram on myös täynnä mahdollisuuksia harjoittaa *tapas*ia (itsekuriharjoituksia). Voit opetella kärsivällisyyttä seisomalla ruokajonossa tai jonottamalla Amman darshnaniin. Voit harjoittaa *titikshaa* (mielenhallintaa vaikeissa olosuhteissa) yrittäessäsi kulkea vastavirtaan ihmispaljoudessa juhlapäivinä, jollaisia ovat esim. Amman syntymäpäivät ja Onam. Voit vähentää riippuvuuttasi nukkumiseen valvomalla Amman kanssa. Voit päästä eroon riippuvuudesta maukkaaseen ruokaan. Voit huomata, ettet tarvitsekaan mukavaa sänkyä ja omaa huonetta, vaan voit nukkua ihan hyvin kaislamatolla samassa kuuden neliömetrin huoneessa parin muun ihmisen kanssa. Voit oppia sietämään kovia ääniä ja olemaan rauhallinen missä tahansa ympäristössä.

Joku kertoi minulle vitsin maasta, jossa kaiken tekeminen kesti kauan aikaa. Mies tarvitsi uuden auton ja hän meni autokauppaan, jossa myyjä esitteli hänelle kaksi eri automallia. Hän valitsi haluamansa auton ja maksoi sen. Kauppias sanoi: ”Voit noutaa auton täsmälleen kymmenen vuoden kuluttua”. Mies: ”Ai, aamulla vai illalla? ” Myyjä: ”Mitä sen on väliä?” ”Koska putkimies tulee aamulla”, mies vastasi.

Kyse ei ole siitä, että ashram olisi tällainen huonosti toimiva valtio tai että meidän tulisi kärsiä tarpeettomasti. Tarkoitus on ennen kaikkea kehittää myönteisiä ominaisuuksia, kuten kärsivällisyyttä, kohtaamalla hankalat tilanteet ja suhtautumalla niihin positiivisella asenteella. Sen lisäksi Amman läsnäolo ja hänen värähtelynsä auttavat mieltä keskittymään haasteiden edessä.

Amritapuri on ihanteellinen paikka myös seuraavalle henkiselle harjoitukselle, meditaatiolle. On melkeinpä ristiriitaista, että paikka joka on kuin mehiläispesä ja kuhisee toimintaa kaiken aikaa, voi edesauttaa meditoimista. Tämä on yleinen epäilys uusien vierailijoiden keskuudessa. Yritettyään muutaman päivän, he huomaavat saaneensa sisäistä rauhaa ulkoisesta levottomuudesta huolimatta. Vaikka ashramissa on joskus jopa 10 000 ihmistä, silti siellä voi tuntea olevansa rauhassa. Tämä on mahdollista vain elävän mestarin, Amman läheisyydessä. Itse asiassa juuri Amman läsnäolo auttaa meitä antautumaan ja pääsemään eroon mieltymyksistä ja vastenmielisyyksistä *karmajoogan* avulla. Täysin valaistuneen mestarin läheisyys on jotakin hyvin ainutlaatuista ja uudistavaa.

Amma sanoo: "Kaivaisimmepa miten monesta paikasta tahansa, emme välttämättä löydä vettä. Mutta jos kaivamme joen rannalta, ei tarvitse kaivaa kovin syvälle, sillä vettä löytyy helposti. Samoin satgurun läheisyys edesauttaa oppilaan henkisiä harjoituksia. Voit nauttia harjoitustesi hedelmistä ilman suurta vaivannäköä."

Koska Amma on oivaltanut korkeimman totuuden, hänen mielensä on aina autuuden tilassa. Hänen mielensä on niin puhdas, että se säteilee rauhaa. Hänen värähtelynsä leviää ympäristöön ja vaikuttaa hänen läheisyydessään olevien ihmisten mieliin. Se läpäisee koko ashramin. Siksi heti tultuaan ashramin alueelle, monet tuntevat olonsa välittömästi rennommiksi ja rauhallisemmiksi. Jopa toimittajat, joilla ei ole mitään kiinnostusta henkisyyteen, mainitsevat usein asiasta. Se on kuin sympaattisen värähtelyn ilmiö, jossa tietyllä taajudella värähtelevä kohde saa aikaan samantaajuisia värähtelyjä muissa, erillisissä kohteissa. Se on sama ilmiö, jota kuvataan symbolisesti niissä tauluissa, joissa lampaat ja leijonat makaavat kaikessa rauhassa pyhimysten vierellä. Lampaan pelko raivoisaa leijonaa kohtaan neutralisoituu *mahatmasta* lähtevien voimakkaiden värähtelyjen ansiosta.

Ashramiin tulee kaikenlaisia ihmisiä. Jotkut hyppäävät maihin takavesien turistiveneestä. Usein nuo ihmiset näyttävät siltä, kuin he kantaisivat koko maailman taakkaa hartioillaan. Vaikka he olisivat lomailemassa, monesta heistä näkee selvästi elämän raskaan taakan. Minun on myönnettävä, että kiinnostukseni herää nähdessäni tuollaisia ihmisiä. Miksi? Siksi että tiedän, että jos he jäävät viikoksi tai pariksi, heissä tapahtuu selkeä muutos. He alkavat kävellä, puhua ja hymyillä eri tavalla. He näyttävät terveemmiltä, sekä fyysisesti että psyykkisesti. Tummien pilvien sijasta heidän kasvoillaan näkyy tietynlaista valoa. Voin ainoastaan ajatella sen olevan Ammasta lähtevien voimakkaiden värähtelyjen ansiota. Nämä voimakkaat värähtelyt vievät mielen automaattisesti meditatiiviseen tilaan. Siksi ihmiset kokevat, että Amman lähellä heidän on helpompi lausua mantraansa keskittyneesti, visualisoida meditaationsa kohde ja muutenkin keskittyä Jumalaan.

Mitä *jnana joogaan* tulee, Amritapuri tarjoaa myös sen harjoittamiseen ihanteellisen ympäristön. Amman puheiden ja säännöllisesti pitämien kysymys- ja vastaus- tilaisuuksien lisäksi opiskellaan tärkeimpiä pyhiä kirjoituksia, kuten upanishadeja, Bhagavad Gitaa ja Brahma Sutria. Amman kysymys ja vastaustilaisuudet tekee epätavallisen kauniiksi se, että Amma sallii kaikkien esittää kysymyksiä. Sen lisäksi hän vastaa aina kysyjän ymmärryksen tason mukaan. Tällaisia mittojen mukaan annettuja vastauksia ei löydy kirjoista. Amritapuri on täydellinen paikka kirjoitusten opiskeluun, epäilyksistä vapautumiseen ja lopulta henkisen tiedon täysivaltaiseen omaksumiseen. Amman ashramin rauhallinen ilmapiiri tekee meistä vastaanottavampia ja valmiimpia omaksumaan *sakshi bhavan* (sivustakatsojan mielentilan) sekä pohdiskelemaan Korkeimman Itsen totuutta.

Amma sanoo, että Amritapurin maaperä on hänen kyyneleidensä kyllästämä. Se on hänen menneisyydessä ja yhä nytkin maailman hyväksi tekemiensä ankarien henkisten harjoitusten pyhittämä. Näin ollen Amritapuri on kaikkein hedelmällisin paikka *bhaktin*, Jumalan palvonnan, kehittämiselle. Amma ei määrittele *bhaktia* antaumukseksi mitään tiettyä Jumalan muotoa kohtaan. Ennen kaikkea, hän sanoo, se on rakkautta puhtaimmillaan; rakkautta ilman rajoja, odotuksia tai estoja. Se huipentuu täydelliseen antautumiseen Korkeimmalle. Etsijän kehityksen tasosta riippuen antaumus ilmenee eri tavoin, mutta sisäinen tunne säilyy aina ja voimistuu alati. Monet tulevat Amritapuriin edes ymmärtämättä mitä sana ”antaumus” tarkoittaa, mutta joka tapauksessa he ennen pitkää tuntevat *bhaktin* voiman. Kuunnellessamme Amman sydämeenkäyviä *bhajaneita* ja nähdessämme hänen kaipaavasti kutsuvan Jumalaa eri nimillä, koemme itsessämme jonkinlaisen muutoksen. Sydämemme laajenevat rakkaudesta Jumalaan. *Bhaktista* tuleekin jonkin abstraktin käsitteen sijasta olemassolomme ydin.

Jo pelkkä kävely ashramin alueella inspiroi aloittamaan henkiset harjoitukset ja jatkamaan niitä. Melkein joka tavalla se on vastakohta oman perheemme kodille. Useimmissa kodeissa Intiassa yksi pieni huone on omistettu Jumalalle ja loput perheelle. Ashram on kuin asuisi valtavassa *puja*[1]huoneessa. Omat kotimme on suunniteltu mukavuutta silmälläpitäen. Seinillä on perheenjäsenten kuvia. On lomamuistoja, televisio, pehmeä sohva jne. Kaikki muistuttaa rajallisesta indentiteetistämme ja kutsuu nauttimaan mukavuuksista aistien välityksellä. Usein olemme ainoita perheenjäseniä, jotka haluavat herätä aikaisin ja lausua *archanaa*, meditoida, opiskella pyhiä kirjoituksia jne. Kun haluamme olla hiljaisuudessa, perhe pitää juhlat. Kun yritämme paastota, he tekevät lempiruokaamme. Muistan jonkun näyttäneen minulle tähän liittyvän pilapiirroksen. Keskiluokkainen teinipoika istuu huoneessaan pukeutuneena *brahmachariksi*; hänellä on yllään kaapu, pää on ajeltu pientä hiustuppoa lukuun ottamatta ja kädessään hän pitää tamburiinia bhajaneiden laulamista varten. Ovella seisovat hänen vanhempansa, eivätkä he näytä lainkaan tyytyväisiltä poikansa elämäntavan valintaan. Kuvan alla oli teksti: ”Haluamme sinun tietävän, että tuemme sinua sataprosenttisesti, jos päätät alkaa jälleen narkomaaniksi.”

Ashramissa kaikki on päinvastoin. Kaikki kuvat esittävät jumalia tai *mahatmoja*. Mihin tahansa katsotkin, näet ihmisiä pukeutuneina puhtautta ja luopumista symboloiviin vaatteisiin.

---

[1] Intialaisissa taloissa yksi huone on perinteisesti omistettu rukoukselle, meditaatiolle ja palvontamenoille.

Muistot Ammasta läpäisevät kaiken, hänen jalanjälkensä peittävät koko ashramin alueen. Katsoessamme takavesiä muistamme aikaa, jolloin näimme Amman ylittämässä jokea kylän veneellä tai tarinoita, joita olemme kuulleet Ammasta uimassa lapsuustovereidensa kanssa. Nähdessämme valtameren ajattelemme Ammaa istumassa rannalla autuaallisessa tilassa, laulamassa "Sristiyum Niye." Ja tietenkin hänen ollessaan ashramissa, voimme mennä milloin tahansa katselemaan Ammaa hänen antaessaan darshania. Ja bhajanit Amman kanssa joka ilta! Ei ole olemassa sen inspiroivampaa ympäristöä kun elävän mestarin ashram.

Täällä on henkisen yhteisön, *sanghan* voima. Kaikki heräävät aikaisin. Kaikki meditoivat ja menevät bhajaneihin. Asukkaat auttavat toisiaan heräämään yhteiseen resitointiin, jos he nukkuvat aamukellon yli. Kaikki tämä auttaa meitä sellaisina aikoina, jolloin yksin ollessamme luopuisimme leikistä. Se on kuin opettelisi aakkosia koulussa sen sijaan että yrittäisi opiskella niitä yksin.

Neljä elämänvaihetta

Vedojen mukaiseen elämänsuunnitelmaan kuului neljä ashramaa eli elämänvaihetta: *brahmacharya ashrama, vanaprasta ashrama ja sannyasa ashrama*[2]. Järjestelmän mukaan pojat (7 ja 20 ikävuoden välillä) menivät asumaan gurun oppilaiksi ashramiin, missä he elivät brahmachareina ja saivat koulutusta, sekä maallista että henkistä. Sen jälkeen suurin osa heistä siirtyi *grihasta ashramaan* (perheelliseen elämään). Ne harvat, jotka eivät tunteneet halua kiinnittyä menemällä naimisiin, ryhtyivät suoraan munkeiksi (munkin elämänvaihe). Perheelliseksi ei ryhdytty vain halujen suossa rypemiseksi. Se oli tietyssä mielessä halujen toteuttamista varten, mutta myös mielen puhdistamiseksi *karmajoogalla*. Siten

---

2 Neljä ashramaa (elämänvaihetta) ovat aikajärjestyksessä opiskelijaelämä, perheellisen elämä, erakkoelämä ja munkin elämä.

henkilö pikkuhiljaa saavutti kypsyyden ymmärtää sen, että pysyvään onnentilaan ei voi päästä haluja täyttämällä. Kun lapset oli kasvatettu ja pariskunta oli vastuusta vapaa, he jättivät kotinsa ja muuttivat metsään meditoimaan- *vanaprastha ashrama*. Ollessaan lopulta henkisesti valmiita, he luopuivat jopa siteistään toisiinsa miehenä ja vaimona ja siirtyivät *sannyasa ashramaan*.

Monesta eri syystä tämä järjestelmä on parin viimeisen vuosisadan kuluessa lähes täysin kadonnut. Amma sanoo, että sen elvyttäminen tulisi vain epäonnistumaan. Sen sijaan että yritettäisiin palata menneeseen, pitäisi keskittyä tulevaan yrittäen samalla vaalia mahdollisimman paljon perinteisiä arvoja. Tämä on Amman ahramin päämäärä: luoda ympäristö, jossa kaikenlaiset ihmiset voivat elää ja tehdä monenlaisia henkisiä harjoituksia samaan tapaan kuin entisaikojen neljän *ashraman* järjestelmässä.

Ashram-elämä ei ole velvollisuuksien pakenemista varten. Kun on kerran sitoutunut tiettyyn elämäntapaan, se pitäisi käydä kunnialla loppuun. Amman ashramiin liittyvät brahmacharit ja brahmacharinit ovat pääasiassa korkeakoulututkinnon suorittaneita nuoria, naimattomia ihmisiä. He tulevat ashramiin alle kolmekymppisinä haluten omistaa koko elämänsä henkiselle tielle. He eivät anna mitään virallisia lupauksia, mutta heidän tarkoituksensa on sitoutua ashramiin. He tulevat ashramiin vaihtoehtona avioliitolle. Amma kehottaa usein ashram-elämästä kiinnostuneita asumaan vuoden ashramissa, jotta he voivat kokea miten heidän mielensä sopeutuu sääntöihin ja rajoituksiin. Jos he kokevat omaavansa tarpeeksi takertumattoman asenteen, he voivat tulla pysyvästi ashramiin. Useiden vuosien jälkeen jotkut heistä saavat virallisen *brahmacharia*-vihkimyksen ja Amma henkilökohtaisesti antaa heille keltaiset vaatteet. Brahmacharit ja brahmacharinit ovat munkki- ja nunnakokelaita. He elävät tarkoin säädeltyä elämää, opiskelevat pyhiä kirjoituksia ja puhdistavat mieltään tekemällä *sevaa* ja meditoimalla.

Heidän lisäkseen Amritapuri on monen sadan intialaisen ja monen ulkomaalaisen perheen koti. He ovat päättäneet asua ja kasvattaa lapsensa täällä. Jotkut heistä käyvät töissä ulkopuolella. Toisilla on taas mahdollisuus omistautua kokonaan työskentelemään ashramin seva-projekteissa ja sen eri instituutioissa. Ashramissa asuu myös paljon eläkkeellä olevia pariskuntia. Näin ollen grihast ashrameilla (perheelliset) ja vanaprastha ashrameilla (aktiivisesta elämästä vetäytynyt erakko) on koti Amritapurissa.

Sitten on vielä *sanjaaseja*, entisiä *brahmachareja* jotka Amman suosituksesta ovat tehneet täydet maailmasta luopuneen valat. He eivät enää elä itsekkäitä päämääriä varten, he ovat luopuneet kaikista henkilökohtaisista tavoitteistaan ja antaneet elämänsä kokonaan maailman palvelukseen. Amman näkemys on, että sanjaasin pitäisi vannoa palvelevansa maailmaa epäitsekkäästi. Hänen pitäisi ymmärtää, ettei hän ole keho, mieli tai äly ja siten hänen pitäisi samastua Atmaniin. Amma esitti sanjaasi-ihanteensa puhuessaan sanjaasiyhteisön kokoontumisessa vuonna 2007[3]: ”Todellinen sanjaasi voi pysyä tyynenä ja tyytyväisenä minkä tahansa toiminnan keskellä. *Atma samarpanan* (luopuminen, itsensä antaminen) on onnen salaisuus. Se tarkoittaa sitä, että sanjaasin pitäisi kyetä tekemään mitä tahansa, mihinkään takertumatta. Sellainen takertumattomuus on mahdollista vain täydellisesti antautumalla. Myötätuntoa täynnä olevasta sydämestä lähtöisin oleva valmius uhrata itsensä ja onni, joka tulee oman mukavuutensa uhraamisesta toisten puolesta, tekevät sanjaasin toimista ainutlaatuisia ja vertaansa vailla olevia. Vain todellinen sanjaasi voi saada muutoksen aikaan muissa.” Tosiasiassa *sanjaasa*, ainakin mielen tasolla, on henkisen elämän korkein päämäärä.

---

[3] Sannyasi Sangha 24.9.2007 Sivagiri Math, Varkala, Tiruvanantapuram, Kerala. Osa Sri Narayana Guru Dharma Sangha Sivagiri-pyhiinvaelluksen 75-vuotis-juhlapäivää.

Siihen muita elämän vaiheita (ashramat) elävät ihmiset pyrkivät. Se on ihmiselämän huipentuma.

Näin olemme nähneet, että Amman ashramissa on paikka jokaiselle, jolla on tarpeeksi kypsyyttä ja intohimottomuutta elää yksinkertaista, henkiselle kasvulle omistettua elämää. Tietenkään kaikkien Amman seuraajien ei tarvitse tulla ashramiin. Se ei välttämättä sovi kaikkien elämäntilanteeseen. Se on henkilökohtainen valinta. Vielä ashramiin tuloakin tärkeämpää on tehdä omasta kodistaan ashram. Elä omaa elämääsi ja hoida velvollisuutesi perhettäsi kohtaan ja puhdista samalla mieltäsi toteuttamalla Amman opetuksia käytännössä. Kohtele perheenjäseniäsi Jumalan ilmentyminä, rakasta ja palvele heitä. Sellainen koti on ashram. Kuten Amma sanoo: "Oikea *grihast ashrami* on hän, joka on tehnyt kodistaan (griham) ashramin.

Amma painottaa jatkuvasti sitä, että fyysistä läheisyyttä tärkeämpää on oikeanlainen "virittäytyminen". Hän sanoo: "Siellä missä on rakkautta, ei ole etäisyyttä. Lootuksen kukka saattaa olla miljoonien kilometrien päässä auringosta, mutta silti sen terälehdet aukeavat auringon paistaessa. Vastaavasti, vaikka istuisit radiotornin vieressä, mutta jos radiosi on asetettu väärälle taajuudelle, et voi nauttia ohjelmista. Hyttyset imevät lehmän utareista vain verta, eivätkä löydä maitoa."

Eräs Amman lahjoista meille on *satsang*-ryhmät, joita on tuhansia ympäri maailmaa. Eri keskukset, ashramit ja kodit toimivat kokoontumispaikkoina, joissa voimme viettää aikaa muiden Amman lasten seurassa, laulaa bhajaneita, resitoida jumalallisia nimiä ja osallistua epäitsekkääseen työhön. Ne inspiroivat ja auttavat pitämään yllä intoa henkisissä harjoituksissamme ja voivat myös toimia tukenamme vaikeina aikoina. Meidän tulisi kuitenkin muistaa, että satsang-ryhmät ovat olemassa auttaakseen meitä keskittämään elämämme totuuden etsintään (*sat*). Niiden pitäisi olla paikkoja henkiselle kasvulle, joihin voimme vetäytyä maallisesta elämästä. Siksi meidän pitäisi sinne mennessämme jättää juoruilu, maalliset puheenaiheet ja keskinäinen kilpailu oven ulkopuolelle.

Edelleen, jokainen voi tulla vierailemaan Amritapuriin, ja viime aikoina on vaikuttanut siltä, että kaikki tulevatkin. Muutama ashramissa vietetty päivä, viikko tai kuukausi voi olla suurenmoinen tapa inspiroitua ja vahvistaa suhdettaan Ammaan. Tule joksikin viikoksi tai kuukaudeksi ja lataa henkinen patterisi ja kotiin palatessasi ota Amma mukaasi.

5. *Luku*

Puhdistautuminen karmajoogan avulla

”Epäitsekäs palvelu on saippuaa, joka puhdistaa mielen.”

—Amma

Epäpuhtaus on vieras elementti täydellisessä kokonaisuudessa. Ihmisolennot hylkivät epäpuhtautta, olipa se sitten fyysisellä tai henkisellä tasolla. Jos fyysisellä tasolla ilmenee ongelmia, käsi luonnollisestikin hankkiutuu kyseiselle alueella ja yrittää poistaa sen. Samoin on mielen laita. Mielen epäpuhtaudet johtuvat yleensä haluista, mieltymyksistä ja vastenmielisyyksistä. Omassa puhtaassa tilassaan mieli on kuin järven kirkas, tyyni pinta. Kuin läpikuultava harso, jonka läpi Itsen autuus voidaan selkeästi kokea. Halut ovat kuin järveen heitettyjä kiviä. Mitä voimakkaampi halu, ja suurempi kivi, sitä voimakkaampi häiriö tyyneyden tilassa. Yksi tapa rauhoittaa mieli on halujen täyttäminen. Näin suurin osa ihmisistä elää, he juoksevat halujensa perässä loputtomiin ja pakenevat vastenmielisiä asioita. He eivät koskaan ymmärrä halujensa taustalla olevaa todellista psykologista motiivia, mikä yksinkertaisesti on halu kokea rauhaa.

Amma kertoo meille, että ikävä kyllä halujen tyydyttämisellä on mahdotonta kitkeä niitä pysyvästi juurineen kaikkineen. Kun poistamme epäpuhtauden, esimerkiksi halun, tyydyttämällä sen, se vain painuu väliaikaisesti pinnan alle. Ennemmin tai myöhemmin se palaa voimakkaampana ja aiheuttaa entistäkin suurempaa häiriötä. Se on loputon kierre. Amma vertaa ilmiötä haavan tai ruven raapimiseen. Se antaa hetkellistä helpotusta, mutta pian kutina alkaa uudelleen ja tällä kertaa voimakkaampana haavan tulehduttua. Tai voidaan sanoa, että halu on kuin kiristäjä, joka on aina vaatimassa lisää rahaa. Jos annamme periksi tänään, hän palaa huomenna vaatimaan lisää. Jos hän ensimmäisellä kerralla pyysi 20 euroa, niin seuraavaksi hän pyytää 30 euroa. Myötäilyn sijasta meidän pitäisi ajaa hänet tiehensä. Samaan tapaan, todettuaan pysyvän mielenrauhan saavuttamisen mahdottomaksi halut *tyydyttämällä*, pyhät kirjoitukset kehottavat sen sijaan *ylittämään* halut. Haluista on mahdollista päästä täysin eroon vain *mokshan* (valaistuminen) tilassa. Se on henkisen elämän huippu ja päätepiste, jolloin ihminen kokee ehdottomalla varmuudella: ”En ole tämä keho, tunteet tai äly, mutta todellinen, sisin olemukseni on ikuinen autuus ja tietoisuus.” Samastuessamme *pranaan* (energiaan) kehossamme, pelkäämme sairautta. Jos annamme mielen samastua mieltymyksiin ja vastenmielisyyksiin, joudumme pois tolaltamme silloin, kun ulkoiset olosuhteet eivät vastaa odotuksia. Kaikki tämä johtuu epäselvästä käsityksestä siitä, mitä todella olemme. Keho, tunteet ja äly ovat kaikki ajallisia ja rajallisia. Niihin samastuessamme tunnemme itsemme luonnollisestikin rajoittuneiksi ja epätäydellisiksi. Sitten yritämme korjata tilannetta. Miten? Katsoessamme ympärillemme näemme tiettyjä asioita ja ajattelemme: ”Jospa vain saisin *tuon*!” Siitä alkaa noidankehä. Mikään ulkoisesti otettava lääke ei paranna sisäistä vammaa, vaikka antaisikin hetkellistä helpotusta.

Todellinen tietoisuuden tilan muutos voi tapahtua vain siten, että ymmärrämme oikein todellisen luontomme. Tämän oivaltaminen on kuitenkin hyvin hienovarainen kokemus eikä näin ollen voi tapahtua haluja täynnä olevassa ja alati rauhattomassa mielessä. Se vaikuttaa oikeastaan mahdottomuudelta. Pyhimykset ja tietäjät kertovat meille, ettemme voi päästä eroon haluista, jos mieli ei ole tyyni ja rauhallinen. Kun heiltä kysytään, miten saavuttaa mielenrauha, he vastaavat: "Pyri eroon haluista." Onko sitten olemassa mitään toivoa? Tässä tulee avuksi *karmajooga*. Karmajoogan avulla voimme paljolti päästä mieltymysten ja vastenmielisyyksien yli, jolloin mieli kypsyy Itseoivallukseen johtavaan hienovaraiseen prosessiin. Se on karmajoogan perimmäinen tarkoitus. Lisäksi tulemme näkemään, että karmajooga ei ainoastaan toimi ponnahduslautana Itseoivallukseen; sillä on monenlaisia muitakin suotuisia vaikutuksia.

Karmajooga tarkoittaa toiminnan joogaa[1]. Siinä toiminta toimii välineenä, jonka avulla päästään *atmaan* eli Itseen, ykseyden tilaan. Bhagavad Gitassa Krishna usein puhuu karmajoogasta nimellä *buddhi jooga,* älyn jooga.

Näin siksi, että se ei niinkään perustu tiettyyn toimintaan, vaan erityiseen mielen asenteeseen. Mikä tahansa toiminta, koiran ulkoiluttamisesta perinteiseen *pujaan* tai sillan korjaamiseen voi oikealla asenteella tehtynä olla karmajoogaa. Vastaavasti, monimutkaisinkin *vedinen* rituaali tai epäitsekäs työ ovat pelkkää toimintaa, jos niitä ei ole tehty oikealla asenteella.

Kaksi oppositiopuolueen edustajaa nousi lentokoneeseen lyhyelle lennolle pääkaupunkiin. Toinen istui ikkunapaikalle ja toinen keskelle. Juuri ennen nousua hallitsevan puolueen edustaja astui koneeseen ja istuutui käytäväpaikalle. Koneen noustua hän otti kengät jalastaan, heilutteli varpaitaan ja oli juuri tekemässä olonsa mukavaksi, kun ikkunapaikalla istuva opposition edustaja sanoi: "Taidan käydä hakemassa kokiksen."

"Ei hätää", sanoi hallitsevan puolueen jäsen. "Palveluksena maallemme, käyn hakemassa sen sinulle." Välittömästi hänen mentyään opposition jäsen poimi hänen kenkänsä ja sylkäisi siihen.

---

[1] Sana *yoga* – jooga, tulee sanskritinkielisestä juuresta; yuj- yhdistää/yhdistyä. Karma tarkoittaa tekoa, toimintaa.

Miehen palattua Coca-Colan kanssa, toinen opposition jäsen sanoi: "Tuopa näyttää hyvältä. Minäkin taidan ottaa." Jälleen mies tarjoutui hakemaan juoman maansa nimissä. Taas hänen kenkäänsä syljettiin. Hänen palattuaan paikalleen kaikki kolme miestä nojasivat istuimissaan taaksepäin ja nauttivat lennosta.

Koneen laskeuduttua hallitsevan puolueen jäsen pani kengät jalkaansa ja ymmärsi heti, mitä oli tehty. Surullisena hän sanoi: "Kuinka kauan tämän pitää jatkua? Puolueiden välistä taistelua? Tätä vihaa ja vihamielisyyttä? Toisten kenkiin sylkemistä ja juomiin pissaamista?"

Tämä vitsi on osoitus siitä, että jos emme näe tilannetta kokonaisvaltaisesti, silloin ymmärrys toiminnastamme on rajoittunut. Vastaavasti, jos tunnemme toiminnan taustalla olevan asenteen ja todellisen motivaation, voimme määritellä, onko se karmajoogaa vai ei.

Kuten Amma aina muistuttaa, työn tulos on monen eri tekijän summa, oma toimintamme on vain yksi niistä. Karmajoogi hyväksyy tämän tosiasian ja keskittyy yksinomaan tekemiseen ja ottaa tyynesti vastaan minkälaisen tuloksen tahansa. Juuri tähän asenteeseen Krishna kehottaa Arjunaa sanoessaan:

karmanyevadhikaraste ma phalesu kadacana

"Sinulla on oikeus työhön, mutta ei sen tuloksiin."

Tutkiessamme asiaa, näemme säkeen taustalla olevan väistämättömän logiikan. Ohjeen noudattamiseen ei tarvita niinkään edes henkistä näkemystä, vaan pelkkää maalaisjärkeä.

Ajatellaanpa esimerkiksi työhaastattelua. Voimme valmentautua siihen monta viikkoa esimerkiksi harjoittelemalla haastattelutilannetta ystävän kanssa. Voimme itse hallita sen, minkä puvun ja solmion valitsemme. Voimme harjoitella hymyä peilin edessä, kehittää kädenpuristusta, ostaa 300 euron kengät ja käydä sadalla eurolla parturissa. Voimme suunnitella, ajatella ja laskelmoida niin paljon kuin haluamme. Enintään näillä keinoilla voimme pyrkiä hallitsemaan tilannetta. Vielä senkin jälkeen, kun haastattelija on esittänyt kysymyksensä, voimme päättää sen, mitä vastaamme. Mutta sitten kun olemme jo aloittaneet puhumisen, toiminta on lähtenyt liikkeelle ja tullut maailmankaikkeutta säätelevien voimien syytä ja seurausta koskevien lakien alaiseksi. Lopputulos ei enää ole meidän käsissämme. Haastattelija saattaa olla hyvällä tai huonolla tuulella, riippuen siitä, mitä on tapahtunut aikaisemmin sinä päivänä. Vastauksemme saattavat herättää hänessä joko positiivisia tai negatiivisia muistikuvia. Mitä tahansa voi tapahtua. Lähtiessämme hänen toimistostaan ei ole mitään syytä huolehtia tuloksista, ne eivät ole meidän käsissämme. Vaikka kuinka olisimme huolissamme siitä, minkälaisen vastaanoton vastauksemme ovat saaneet, se ei tule muuttamaan haastattelijan näkemystä meistä.

Ymmärrettyämme sen, että voimme hallita tekomme, mutta emme niiden seurauksia, lakkaamme huolehtimasta tuloksista ja keskitymme työn täydelliseen suorittamiseen. Näin toimii *karmajoogi*. Hän elää elämänsä rauhallisin mielin nykyhetkessä ilman sen suurempia häiriöitä.

Karmajoogin asenne

Yksi karmajoogan monista kauniista puolista on se, että sitä voidaan soveltaa monella eri tavalla. Voimme soveltaa sitä oman mielemme mukaan kunhan vain pysyttelemme "tee parhaasi ja hyväksy lopputulos"-periaatteessa. Yksi suosittu tapa on pitää Jumalaa tai Gurua mestarina ja itseään palvelijana. Voidakseen harjoittaa karmajoogaa ei tarvitse edes uskoa Jumalaan. Jopa ateisti voi tehdä karmajoogaa, jos vain hyväksyy sen perustavan lainalaisuuden: itse teon voi hallita, mutta ei sen tuloksia. Kuten Amma sanoo: "Ei ole väliä uskooko Jumalaan vai ei, jos palvelee yhteiskuntaa." Kun huomio kiinnittyy tuloksen sijasta itse toimintaan, saa silti kokea karmajoogan hyödyn. Tässä meillä on vapaus valita oma lähestymistapamme.

Tiedämme, että lapsena Amma suoritti kaikki kotiaskareet palveluksena Krishnalle[2]. Tähän tapaan hän suoritti kaikki askareensa; lakaisun, pyykinpesun, ruoanlaiton ja lehmien hoidon huolellisesti, suurella rakkaudella ja antamuksella. Muistan muutaman vuoden takaisen tapauksen, kun Amma auttoi uutta *brahmacharia* (munkkikokelas) kehittämään tällaista asennetta. Eräänä päivänä hän kertoi *darshanissa* Ammalle kaikista tekemistään eri *sevoista*. Amma ei ollut henkilökohtaisesti neuvonut häntä tekemään niitä, joten hän halusi varmistaa, että Amma halusi hänen tekevän niitä. Hän liittyi darshan-jonoon ja kertoi Ammalle kaiken, mitä hän touhusi ashramissa. "Teen joitakin näistä töistä omasta aloitteestani", hän kertoi. "Haluaako Amma minun todella tekevän niitä?" Amma vastasi myöntävästi ja sitten, tehdäkseen asian selväksi sanoi: "*Minä* pyysin sinua tekemään niitä." Darshanin jälkeen hän pystyi näkemään, että Amma oli määrännyt työt hänelle ja siten tekemään työnsä oikealla asenteella.

Bhagavad Gitassa painotetaan, että karmajoogassa kaikki teot tulisi suorittaa uhrilahjana *(yagna)*, Jumalle, kiitollisuuden osoituksena kaikesta siitä hyvästä, mitä Hän on meille antanut. Jos ajattelemme asiaa, Jumala on antanut meille paljon ja yleensä me vain pidämme kaikkea itsestäänselvyytenä.

Jumala on siunannut meidät sellaisilla lahjoilla kuin oma keho, perhe, koti, mieli, aistielimet ja jopa koko maailmankaikkeus. Suorittaessamme työn *yagnana* tiedostamme tämän totuuden.

Eräs henkilö kertoi minulle tätä asiaa valaisevan tarinan. Hän oli vasta ollut leikkauksessa ja toipuakseen hänen piti olla

[2] Amma sanoo, että jo syntymästään saakka hän oli täysin tietoinen siitä, että hänen todellinen luontonsa on ikuinen, autuaallinen tietoisuus. Siksi ainoa hänen henkisten harjoitustensa, karmajoogan, meditaation tai itsetutkiskelun taustalla oleva vaikutin on olla esimerkkinä ihmiskunnalle eikä hyötyä niistä itse.

viikko sairaalassa. Poistuessaan hän katsoi yksityiskohtaisesti eriteltyä laskuaan. Häneltä laskutettiin 1500 dollaria hapesta. Hän kertoi minulle näin: "Swamiji, en tiennytkään että ilma on niin kallista! Olen hengittänyt 60 vuotta vuorokauden ympäri, eikä Jumala ole vielä lähettänyt siitä laskua!" Mitä hän sanoi on totta. Olemme asuneet maapallolla koko elämämme, eikä Jumala ole vielä pyytänyt meiltä vuokraa. Itse asiassa kaikki viisi elementtiä, avaruus (eetteri), ilma, tuuli, tuli, vesi ja maa, ovat yksin Jumalaa. Näin ollen, toinen karmajoogan asenteista on se, että tiedostamme tämän ja teemme työmme kiitollisuudesta Jumalaa ja kaikkea Hänen antamaansa kohtaan.

Perinteisesti yagna on palvontameno, jossa Jumalalle uhrataan erilaisia asioita esimerkiksi asettamalla ne tuleen, patsaan jalkojen juureen tai kuvan eteen. Kun yagna on suoritettu, osa uhrilahjoista otetaan takaisin *prasadina* (siunattu lahja). Omaksumalla vastaavan asenteen, tulemme näkemään kaiken toiminnan yagnana. Sen seurauksena puolestaan otamme vastaan tekojemme seuraukset Jumalan pyhittämänä lahjana, prasadina. Amma sanoo, että oikea Jumalanpalvelus ei ole *puja*huoneessa istumista ja kukkien uhraamista kuvalle tai patsaalle päivittäin 20 minuutin ajan. Koko elämästä pitäisi muodostua Jumalanpalvelus. Pujahuoneessa tehtävä uhraus symboloi koko elämän kattavaa asennetta. Pujassa kaikki tapahtuu pienoismuodossa. Kaiken läpäisevää, kaikenkattavaa Jumalaa esittää pieni patsas. Kukkien uhraus kuvastaa tekojamme. Muutaman minuutin mittainen keskittynyt toiminta ja antaumus edustavat koko elinikäistä antaumusta. Kuten Amma sanoo: "Sydämesi on temppeli. Sinun tulisi asettaa Jumala sinne. Hyvät ajatukset ovat Hänelle uhrattavia kukkia. Hyvät teot ovat palvontamenoja. Hyvät ajatukset ovat hymnejä ja rakkaus on jumalallinen uhrilahja." Silloin kun näemme kaiken, mitä elämä antaa Jumalan *prasadina*, ei ole syytä stressaantua tai hermoilla minkään työn tai tekojen seurauksista. Mikään ei voi masentaa meitä, jos kykenemme näkemään kaiken Jumalan *prasadina*. Koemme mielenrauhaa hyväksyessämme sen, että "kaikki mitä olen saanut on arvokas lahja Jumalalta, niin myös kaikki, mitä saan nyt ja tulevaisuudessa."

Älyllisesti suuntautuneille etsijöille sopiva asenne on ymmärtää miten tärkeää Itseoivalluksen kannalta on pyrkiä eroon mieltymyksistä ja vastenmielisyyksistä. Järkiperäisen ajattelun seurauksena etsijä hyväksyy tämän logiikan ja pyrkimyksenään puhdistaa mielensä haluista, keskittyy toiminnan tulosten sijasta itse toimintaan.

Vielä yksi tapa, josta Amma usein puhuu on, että sen sijaan että ajattelisimme itseämme tekojemme tekijänä, kokisimme olevamme vain toiminnan väline. Amma sanoo näin: "Toimiessamme meidän tulisi kokea olevamme Jumalan työväline, kuin kynä kirjailijan tai pensseli taidemaalarin kädessä. Meidän tulisi rukoilla: "Jumala, tee minusta yhä vain puhtaampi työväline sinun käsiisi". Instrumentilla ei ole henkilökohtaisia mielipiteitä tai tavoitteita, se taipuu käyttäjän tahtoon. Ja kun kerran Jumala ohjaa toimintaamme, silloin meidän tulisi haluta toimia ainoastaan *dharman* mukaisesti ja tehdä vain Gurumme ja pyhien kirjoitusten hyväksymiä tekoja ja välttää niiden kieltämiä tekoja.

Olipa näkemyksemme mikä tahansa, jos olemme vilpittömiä pyrkimyksissämme, saamme välittömästi kokea huomattavaa mielenrauhaa. Siksi opettaessaan Arjunalle karmajoogaa, Krishna sanoo: *samatvam yoga ucyate*[3]. "(Karma) jooga on mielenrauhaa." Tämän näkemyksen ansiosta karmajoogin mieli ei enää juokse väliaikaisten aistinautintojen perässä. Tämä puolestaan auttaa häntä näkemään koko elämänsä selkeämmin; pohtimaan, arvioimaan ja järkiperäisesti analysoimaan elämän kokemuksia. Tämän tapahtuessa tietyt tosiasiat tulevat itsestään selviksi. Mihin tahansa hän katsookin, milloin tahansa hän toimiikin ja mihin

[3] Bhagavad-Gita, 2.48

sitten meneekin, nämä totuudet tulevat esiin. Tällä kokemuksella on radikaalisti mullistava ja pysyvät jäljet jättävä vaikutus hänen ajatusmaailmaansa.

Asioiden todellinen olemus

Mikä on sitten alaston totuus? Aluksi alamme nähdä, että kaikkiin maallisiin saavutuksiin liittyy kipua: niiden hankkimiseen, ylläpitämiseen ja tietenkin menettämiseen. Toiseksi, tulemme näkemään, että kaikilla objekteilla on kyky aiheuttaa riippuvuutta. Lopulta ymmärrämme, että mikään objekti ei anna todellista täyttymystä. Nämä ovat kolme ulkoisista asioista haettuun onneen liittyvää puutetta.

Jotta olisi mahdollista ylipäätään saavuttaa jotakin, on sen eteen ponnisteltava ainakin jonkin verran. Mitä korkeampi päämäärä, sitä vaikeampi kamppailu. Ajatellaanpa esimerkiksi mitä vaaditaan, jotta voisi tulla valituksi maan johtoon, puhumattakaan siitä työmäärästä mitä tarvitaan, jotta pääsisi edes ehdokkaaksi. Sitten täytyy matkustaa, pitää puheita ja olla kärsivällinen ja kohtelias kaikille. Joissakin maissa on osallistuttava jopa julkisiin väittelyihin. Kaiken lisäksi pitää puristella käsiä ja suukotella vauvoja. On myös oltava varovainen kaikissa sanoissaan ja teoissaan, sillä jos päästää jonkin varomattoman lausahduksen suustaan tai tekee pienenkin harhaliikkeen, lehdistö ja vastaehdokkaat ovat heti valmiita repimään ehdokkaan kappaleiksi. Eräs politiikassa mukana oleva mies kertoi minulle, että vaalikampanjan aikana monet ehdokkaat joutuvat turvautumaan lääkkeisiin pysyäkseen tahdissa mukana! Taatusti suorittamiseen liittyy vaikeuksia ja kipua.

Ja jos olet onnekas ja sinut valitaan, sinun on oltava vielä terävämpi: sotia, taloudellisia ongelmia, kansanliikehdintää, budjetteja... Kaikki päätöksesi analysoidaan ja tutkitaan tarkasti, ja oppositio on aina valmiina syyttämään sinua. Jos et vielä saanut vatsahaavaa vaalikampanjan aikana, niin taatusti viranhoitoon liittyvät haasteet sairastuttavat sinut siihen. Joten aseman ylläpitoon liittyy myös kamppailua. Viimein sitten kun vaalikautesi on ohi ja jätät paikkasi, niin kaikista siihen liittyneistä vaikeuksista huolimatta olet nyt allapäin. Sinun ei tarvitse olla edes presidentti tai ministeri. Monen on vaikea jäädä eläkkeelle työstään. He kaipaavat työnteon tuomaa merkitystä elämäänsä. Näin ollen myös aseman menetykseen liittyy vaikeuksia.

Olemme nyt saavuttaneet karmajoogan avulla syvällisemmän näkemyksen. Seuraava oivallus totuudesta, jonka karmajooga meille antaa on se, että mikään saavutus ei voi tehdä meitä todella onnelliseksi. Eikö ole totta, että saatuamme palkankorotuksen, alamme heti miettiä seuraavaa? Olimme ennen tyytyväisiä kasettisoittimiin. Sitten tulivat CD-soittimet, mp-kolmoset, iPodit ja iPhonet! Varmasti sitten, kun tämä kirja julkaistaan, markkinoilla on jo jotakin täysin uutta ja erilaista. Ei ole kysymys siitä, että teknologisissa ja tieteellisissä saavutuksissa olisi jotakin väärää. Kyse on siitä, että kuvittelemme onnen aina odottavan jossakin nurkan takana: sitten kun olemme saaneet kupin kahvia, palkankorotuksen, vaimon, lapsen, unelmatalon, eläkkeen jne. Mutta se on illuusio. Mikään asia tai objekti ei voi antaa ikuista onnea.

Luin kerran kertomuksen miehestä, joka oli vasta päässyt pakkomielteestään autoihin. Hän muisteli, miten hän kerran oli ostanut uuden auton ja kovalla työllä maalasi ja vahasi sen kiiltäväksi. Sitten hän toisti toimenpiteen. Tulos näytti vieläkin paremmalta. Hän teki sen jälleen ja taas näytti paremmalta. Sitten hän lisäsi kolmannen, nejännen ja viidennen maalikerroksen... 32 maalikerroksen jälkeen hänelle valkeni, että kaikki ei ollut oikein hyvin. Jokaisen uuden maalikerroksen jälkeen auto kiilsi upeasti auringossa. Hän mietti: "Jos 32 maalikerrosta näyttää näin hyvältä, niin miltäköhän 132 mahtaisi näyttää?" Hän ymmärsi, että hänellä oli kaksi vaihtoehtoa: joko myydä auto tai omistaa elämänsä mahdottomuudelle.

Karmajoogan antama tietoisuus auttaa ymmärtämään materiaalisten halujen ja saavutusten kautta saadun onnen väliaikaisuuden. Jotkut oivaltavat sen kahden maalikerroksen jälkeen, toiset 27:n ja loput jatkavat kerrosten lisäämistä kuolemaansa saakka - vain jatkaakseen samaa seuraavassa elämässään.

Lopuksi karmajooga auttaa meitä näkemään, että voimme tulla riippuvaisiksi mistä tahansa, olipa se kahvi, TV, internet, kännykkä tai pizza. Sanonta "aluksi omistin sen, sitten se omisti minut" todella pitää paikkansa.

Eräs guru opetti oppilastaan omistamisesta: "Voit uskoa omistavasi jonkin henkilön tai tavaran. Samalla kuitenkin tuo henkilö tai tavara omistaa sinut." Lähellä he näkivät paimenpojan pitelemassä vasikkaa lieassa. Guru meni vasikan luo ja päästi sen irti. Vasikka juoksi heti karkuun ja säikähtänyt lehmipoika juoksi vasikan perään. Guru sanoi: "Näetkö nyt? Kuka on kiinni kenessä? Lehmä oli kiinni paimenessa köydellä, mutta paimenen sitoi lehmään hänen oma kiintymyksensä."

Tietenkin pahimmat esimerkit tästä ovat alkoholi ja huumeet. Kun ihmiset alkavat juoda, he menettävät kykynsä olla onnellisia ilman alkoholia. Mutta jopa ihmissuhteet voivat olla tällaisia. Kuinka usein olemmekaan kuulleet jonkun sanovan eron jälkeen: "En todellakaan voi elää ilman häntä!"

Heti kun alamme nähdä maallisista asioista saadun onnen puutteet, samat asiat luonnollisestikin menettävät hohtonsa. Vedantassa tätä ymmärrystä kutsutaan nimellä *vairagya*, intohimottomuus. Jo luvussa kolme puhuttiin siitä, miten välttämätön ominaisuus se on Itseoivalluksen tavoittelijalle. Miten muka voisimme meditoida, opiskella kirjoituksia tai pohdiskella totuuksia, jos mieli kokee voimakasta vetoa maallisiin asioihin? Sen lisäksi, miten voisimme koskaan alkaa etsiä todellista onnen lähdettä, ellemme koe intohimottomuutta maailman asioita kohtaan? Vasta sitten kun viimein kyllästymme katoavaisiin kohteisiin, voimme alkaa etsiä sitä, mikä on ikuista.

Tämän tiedon heräämistä ja sen vaikutusta ihmiseen kuvaa kauniisti Amman kirjoittama *bhajan*, nimeltään "Isvari Jagad Isvari."

Olen nähnyt maallisten nautintojen täyttämän elämän olevan täynnä kärsimystä.
Älä anna minun kärsiä kuin tuleen syöksyvän koiperhosen...
Se mikä on täällä tänään, sitä ei ole enää huomenna.
Tietoisuuden ilmentymä, Oi sinun jumalalliset leikkisi!
Se ei tuhoudu, mikä on todellista.
Se mikä tuhoutuu ei ole todellista.
Ole niin kiltti ja näytä tie vapautukseen, oi sinä ikuinen.

Henkisellä etsijällä tulisi olla voimakas *vairagya*. Tehdäkseen asian selväksi 1200-luvulla elänyt pyhimys *Jnanehsvar* kuvasi Bhagavad-Gitan selityksessään vairagyaa seuraavalla tavalla. Meidän tulisi kehittää samanlaista intohimottomuutta aistinautintoja kohtaan kuin jos käyttäisimme python-käärmettä tyynynä tai menisimme tiikerin luolaan tai hyppäisimme sulaa rautaa täynnä olevaan kuoppaan. (Nämä esimerkit ovat miedoimmasta päästä!) Ajatus tässä on se, että ollessaan tietyssä henkisen elämän vaiheessa, aistinautinnot pitäisi nähdä ja kokea, ei pelkästään arvottomina vaan suorastaan tappavina.

Kirjoitusten mukaan todellinen vairagya tulee vasta sitten kun olemme oppineet näkemään kokemiemme aistinautintojen puutteellisuuden ja soveltamaan sitä kaikkiin aistinautintoihin, myös niihin mitä *emme* ole kokeneet. Ei tarvitse syödä koko pensasta punaisia chilipippureita oppiakseen, että kaikki chilit ovat tulisia!

Eräs kruununprinssi kruunattiin kuninkaaksi. Välittömästi hän teki pitkäaikaisesta, erittäin älykkäästä ystävästään ministerin. Ensimmäiseksi tehtäväkseen kuningas määräsi hänet kirjoittamaan koko tunnetun historian. Ministeri kävi työhön käsiksi. Kymmenen vuoden kuluttua hän palasi mukanaan 50-osainen kirjasarja, jossa yksityiskohtaisesti kuvailtiin kaikki maailmanhistorian tunnetut tapahtumat aina ihmiskunnan historian alusta saakka. Kuningas oli puutarhassaan, jossa maan parhaat muusikot soittelivat serenadeja hänelle ja kuningattarelle. Hän katsahti viittäkymmentä kirjaa, rypisti otsaansa ja sanoi: ”Tuo on liikaa, voisitko vähentää osia?”

Ministeri myöntyi ja lähti. Kymmenen vuoden kuluttua hän palasi jälleen, tällä kertaa mukanaan 10 kirjaa. Mutta kuningas oli taas hyvin kiireinen; maassa raivosi epidemia ja hänellä oli täysi työ pitää tilanne hallinnassa. ”Minulla on kova kiire. Ja se on vieläkin liian pitkä. Etkö voisi vielä lyhentää sitä?”

Jälleen ministeri myöntyi ja lähti. Viiden vuoden kuluttua hän palasi mukanaan yksi kirja. ”Tässä se on”, hän sanoi. ”Yksi kirja, jossa selitetään ihmiskunnan historia mahdollisimman yksinkertaisesti.” Vähän aikaa sitten kahden eri ihmisryhmän kesken oli ollut selkkauksia ja kuninkaalla oli kiire ratkoessaan ongelmaa. Hän katsoi paksua kirjaa ja sitten ystäväänsä ja sanoi: ”Olen pahoillani, mutta siinä on vieläkin liikaa. Minulla ei todellakaan ole aikaa. Ole hyvä ja tiivistä sitä vielä lisää.”

Vuoden kuluttua ministeri oli saanut työn loppuun. Jollakin tapaa hän oli onnistunut tiivistämään kaiken yhteen lukuun. Mutta lähestyessään palatsia, hän näki kuninkaan valmistautumassa sotaan naapurinvaltion kanssa, joka oli alkanut vallata heidän aluettaan. ”Ei ole aikaa”, sanoi kuningas ja laukkasi pois. ”Yritä tiivistää lisää!”

Viikon päästä ministeri tuli tapaamaan kuningasta kilometrin päähän eturintamasta. Hän löysi kuninkaan kuolettavasti

haavoittuneena. Ministeri katsoi kuolevaa ystäväänsä, joka oli heikko ja elämän kuluttama ja sanoi: "Herra kuningas, onnistuin tiivistämään sen yhteen sivuun." Kuningas katsoi ystäväänsä ja sanoi: "Olen pahoillani, mutta saatan hengittää viimeisen henkäykseni milloin tahansa. Ennen kuin kuolen, anna minulle nopeasti kaiken näinä vuosina oppimasi ydin." Ministeri nyökkäsi ja sanoi kyyneleet silmissään: "Ihmiset kärsivät".

Historia voi todistaa sen. Kukaan ei ole koskaan saavuttanut mitään ilman kipua. Mikään aistiobjekti ei ole koskaan antanut kenellekään pysyvää onnea. Eikä kukaan ole koskaan saanut onnea mistään ulkoisesta kohteesta saattamatta samalla itseään alttiiksi riippuvuudelle. Eräät meistä oppivat läksynsä nopeasti, joiltakin se vie elinaikoja.

Monet ihmiset kuvittelevat saavansa täyttymyksen opiskelusta, mutta se ei toimi. Sitten he yrittävät löytää sitä urasta. Sekään ei toimi. Seuraavaksi he yrittävät löytää onnea avioliitosta, mikä ei myöskään toimi. Sen jälkeen monet ajattelevat, että he eivät vain ole löytäneet *oikeaa* puolisoa. Joten he menevät naimisiin toisen, kolmannen tai neljännen kerran. Jotkut jopa kokeilevat eri kansallisuuksia; amerikkalaista, intialaista, saksalaista tai japanilaista puolisoa. Pyhimykset ja tietäjät sanovat: "Menkää naimisiin, jos haluatte, mutta älkää etsikö täyttymystä sieltä. Myöskään kolmessa maailmassa ei ole mitään, mikä voisi sen antaa. Jokaisen on löydettävä se sisimmästään.

Edellisessä kappaleessa mainitsin lyhyesti, että mieltymyksistä ja vastenmielisyyksistä eroon pääsemisen ei pitäisi perustua tukahduttamiseen. Pyhimykset tietävät, että tukahduttaminen ei koskaan toimi, vaan johtaa lopulta romahdukseen. Muutoksen pitää tulla oikeasta ymmärryksestä, toisin sanoen sisäisestä muutoksen tarpeesta.

Muuan noviisi tunnusti gurulleen, että hän ajatteli naisia. Aina kun hän istuutui meditoimaan, mielikuvat eri malleista ja elokuvatähdistä alkoivat tanssia hänen edessään. Tämä häiritsi häntä kovin. Guru kuunteli oppilaan vuodatusta, mutta ei sanonut siihen mitään. Seuraavana päivänä hän kutsui oppilaan luokseen ja antoi hänelle pienen, ohuen, sanomalehtipaperiin käärityn paketin. Hän käski oppilasta viemään sen huoneeseensa, avaamaan sen siellä ja pistämään sen alttarilleen. Oppilas seurasi gurun ohjeita ja kuinka ollakaan, paketissa oli kauniin ja viettelevän näköisen naisen kuva. Järkyttyneenä hän juoksi gurunsa luo ja sanoi: ”Mitä tämä oikein on? Avaan sydämeni sinulle ja paljastan vakavan ongelmani ja vastapalveluksena pidät minua pilkkanasi antamalla tämän kuvan! Mitä tämä oikein tarkoittaa?” Guru ei vastannut mitään vaan sulki silmänsä ja alkoi meditoida. Oppilasta ärsytti, mutta vähitellen hän rauhoittui ja ajatteli: ”Guru on valaistunut mestari. Hän ei johtaisi minua harhaan. Ehkä tällä on jokin tarkoitus.” Hän sitten asetti kuvan oman alttarikuvansa viereen.

Oppilaan istuutuessa päivittäiseen meditaatioonsa hänen edessään oli nyt kaksi ”jumalaa”, maailmankaikkeuden Herra ja elokuvatähti. Hän huomasi useimmiten meditoivansa naista. Hän kuvitteli matkustavansa, laskevansa leikkiä, jakavansa sydämensä salaisuudet ja lopulta menevänsä naimisiin hänen kanssaan. Jokainen uusi päivä oli seikkailu ja hän alkoi odottaa innolla meditaatiotaan.

Mutta sitten eräänä aamuna, kun hän oli morsiamensa kanssa kävelemässä rannalla, naisen huomio kiinnittyikin komeaan mieheen! Kohta he olivatkin jo häipyneet yhdessä ja jättäneet nuoren miehen aivan ypöyksin. Hän yritti ottaa naiseen yhteyttä, mutta tämä ei vastannut puhelimeen. Hänen sydämensä oli särkynyt ja hän oli onneton. Vihdoin vaimo otti yhteyttä hakeakseen eroa. Mies kuvitteli oikeudenkäynnin: nainen vei häneltä kaiken. Lopulta hän oli rahaton ja yksinäinen ja hänen tunne-elämänsä oli raunioina.

Opetuslapsi avasi silmänsä ja palasi todellisuuteen. Kaksi kuvaa tuijotti häntä alttarilta. Katsoessaan vierekkäin olevia kuvia hän ymmärsi jumalallisen rakkauden täydellisyyden ja epäitsekkyyden ja maallisen rakkauden itsekkyyden. Oppilas ymmärsi nyt, että antamalla kuvan mestari ei ollut pilkannut häntä, vaan hänen toimintansa perustui syvään myötätuntoon. Hän juoksi mestarin luokse ja kumartui hänen jalkojensa juureen.

Guru ei halunnut oppilaan tukahduttavan tunteitaan naisia kohtaan vaan ylittämään ne ymmärtämällä maallisen rakkauden todellisen luonteen.

Itse asiassa tarinan oppilas oli varsin edistynyt. Hän kykeni saavuttamaan intohimottomuuden pelkästään meditoimalla. Hänen ei tarvinnut toteuttaa halujaan. Monet eivät kuitenkaan ole hänen tasollaan. Halujen tullessa ne pitäisi yrittää mitätöidä erottelukykyisellä ajattelulla. Jos ne kuitenkin häiritsevät jatkuvasti, meidän ehkä pitää toteuttaa ne. Niin kauan kuin ne ovat dharman mukaisia, siinä ei ole mitään väärää. Mutta haluja täytettäessä pitäisi olla tietoinen halutun objektin rajallisuudesta ja siten yrittää ylittää se. Sitten kun ymmärryksemme on selkeä, maailman asiat ja mukavuudet lakkaavat itsestään vetämästä meitä puoleensa. Kuten Amma sanoo: "Ei joessa tarvitse kylpeä ikuisesti; käyt kylvyssä ja tulet pois puhtaana ja raikkaana."

Seuraava säe on Mundaka upanishadista:

parīkṣya lokān karma-citān
brāhmaṇo nirvedamāyāstyakṛtaḥ kṛtena |

"Sen jälkeen, kun on tutkinut ja nähnyt toiminnan kautta saavutettujen asioiden viat,
silloin viisas ymmärrettyään, ettei mitään pysyvää voi saavuttaa toiminnalla, luopuu toiminnasta[4]*."*

[4] Tässä "toiminnalla" tarkoitetaan itsekkäitä tekoja, ei epäitsekästä toimintaa, jonka avulla mieli puhdistetaan henkisellä tiellä.

Siihen saakka, kunnes ymmärrys valkenee, pyhimykset kehottavat meitä kokeilemaan maailmaa. Koe itse maailman ilot ja mukavuudet ja ota selvää siitä, mitä ne voivat sinulle tarjota. Koe ne itse, kunnes näet niiden vajavuuden. Tulet ymmärtämään, että niissä kaikissa on sama puute. Ei tarvitse kokeilla kaikkea. Se jälkeen voit lopettaa onnellisuuden aktiivisen etsimisen ja hakea sen sijaan kaiken autuuden lähdettä, Itseoivallusta. Sen jälkeen voimme toki vielä toimia (meidän pitää vieläkin syödä, vai mitä?), mutta voimme erottaa mielessämme toiminnan ja onnellisuuden välisen yhteyden. Silloin siirrymme itsekkäistä teoista epäitsekkäisiin.

Karmajoogan etuja

Intohimottomuus maallisia saavutuksia ja asioita kohtaan ja Itsensä etsimisen innon ylläpito ovat karmajoogan pääasialliset tavoitteet. Mutta kuten yllä oleva otsikkokin jo sanoo, karmajoogalla on omiakin etuja. "Epähenkisellekin" ihmiselle on hyötyä karmajoogasta.

Ensimmäinen karmajoogasta saatu hyöty on se, että se auttaa meitä toimimaan paremmin. Otetaan vaikka esimerkiksi työhaastattelu kappaleen alusta. Kun karmajoogi ymmärtää, että voi hallita pelkästään teon mutta ei sen tuloksia, hänen keskittymiskykynsä on voimakkaampi. Hän voi sataprosenttisesti keskittyä itse tekoon, tässä tapauksessa kuuntelemaan ja miettimään kysymyksiä ja vastaamaan niihin. On selvää, että keskittyneen henkilön toiminnan laatu on tasokkaampaa, kuin sellaisen, jonka huomio on hajaantunut. Huolehtiessaan ensimmäisen kysymyksen vaikutusta haastattelijaan, "epäkarmajoogi" ei kykene kunnolla keskittymään sitä seuraavaan kysymykseen.

Missään muualla tämä ajattelutapa ei ole tullut yhtä suosituksi kuin urheilussa. Vuonna 2000 urheilupsykologi H.A. Dorfman kirjoitti kirjan nimeltä *Syöttämisen henkinen ABC: paremman suorituksen käsikirja.* Monet ammattimaiset baseball-pelaajat ovat lukeneet sen ja kehuneet sitä. Dorfman kirjoittaa, että syöttäessään pelaajan tulisi ajatella vain kolmea asiaa: syöttöä, paikkaa ja päämääräänsä, joka on sieppaajan räpylä. Jos hänen mieleensä tulee muita ajatuksia, hänen tulisi pysähtyä ja tyhjentää mielensä ennen jatkamista. Lopuksi hän sanoo, että syöttäjän ei pitäisi arvioida suoritustaan sen mukaan, miten hänen syöttönsä vastaanotettiin, vaan syöttikö hän niin kuin oli aikonut.

Miksi ihmiset epäonnistuvat urheilussa? Siksi, että he keskittyvät häviämisen mahdollisuuteen. Useimmat meistä muistavat jonkin pelitilanteen lapsuudesta. Pelin ratkaisevan hetken koittaessa kaikki jäi sinun varaasi, jouduit paniikkiin ja peli oli menetetty. Koripallo tarjoaa yhden parhaista esimerkeistä. Jos pelaajaa vastaan rikotaan, hänelle annetaan yleensä yksi tai kaksi vapaaheittoa. Ammatilaispelaajalle vapaaheitto on verraten helppo suoritus. Hän saa heittää kaksi kertaa 4,5 metrin päästä koriin ilman puolustajien läsnäoloa. NBA:n (National Basketball Association USA:ssa) pelaajat onnistuvat noin 75-prosenttisesti. Mutta entäpä kovan paineen alla, esimerkiksi pelin kahden viimeisen minuutin aikana, kun kumpikaan joukkue ei ole kolmea pistettä enempää johdossa? Silloin jännitys on huomattavasti suurempi. Miksi? Kyseessä on sama heitto. Mutta jos mieli on keskittynyt siihen, miten tärkeä tuo heitto on, sen sijaan että keskittyisi heittoon itseensä, suoritus tulee kärsimään. Tilastojen mukaan NBA:ssa onnistuneiden heittojen keskiarvo (v.2003-2006) on vain 2,3% näissä täpärissä tilanteissa. Lyhyesti sanottuna: suoritus paranee silloin kun keskitytään päämäärän sijasta itse suoritukseen.

Tämä ei suinkaan tarkoita sitä, ettei tuloksia pitäisi ajatella, vaan meidän tulisi arvioida niitä rauhallisesti ja loogisesti. Perustamalla toimintamme arvioon siitä, mikä meni oikein ja mikä väärin, voimme toimia toisin seuraavalla kerralla.

Seuraava karmajoogan etu on se, että oikeastaan se auttaa nauttimaan elämästä. Toimimme kaiken aikaa jollakin tapaa. Kuitenkin vain silloin tällöin se tuottaa toivotun tuloksen. Keskittymällä itse toimintaan, voimme nauttia siitä ja käsillä olevaan työhön keskittyneestä iloisesta ja rauhallisesta mielestä. Ajatellaanpa esimerkiksi tiskaamista. Jos keskitymme vain ajattelemaan kaikkien astioiden pesemistä, kuivaamista ja kaappiin laittamista, voimme olla tyytyväisiä vasta sitten, kun viimeinenkin astia on asetettu omalle paikalleen kaappiin. Keskittymällä sen sijaan itse työhön, voimme nauttia työstä koko ajan. Olen varma siitä, että olemme kaikki huomanneet tämän. Pelkän lopputuloksen ajatteleminen tekee työn tylsäksi. Hetkeen antautuminen tekee mistä tahansa toimesta, tiskaamisesta, ojan kaivamisesta tai silityksestä, autuaallisen kokemuksen.

Samassa hengessä voidaan jatkaa, että jopa nauttiaksemme aistien välityksellä, meidän pitää kyetä hallitsemaan halujamme ainakin jonkin verran. Muutoin, yrittäessämme nauttia aistien kohteista, toinen halu saattaa heikentää keskittymistämme ensimmäiseen ja vähentää nautintoa. Kuvitellaan, että olet hääjuhlissa. Tarjolla on jokaista herkkuruokaasi (eteläintialaiseen tapaan): riisiä, *sambaria, daalia,* erilaisia herkullisia kastikkeita, maustepikkelsejä, banaanilastuja, makeaa vanukasta jne. Alkaessasi syödä olet välittömästi aistinautintojen taivaassa. Sitten huomaat, että lautaseltasi on loppunut kikhernecurry. Jatkat syömistä, mutta keskittymisesi on nyt häiriintynyt. Osa mielestäsi on keskittynyt etsimään tarjoilijaa saadaksesi lisää kikhernecurrya. Nautit silti edessäsi olevasta ruoasta, mutta et enää samalla tavalla kuin jos olisit keskittynyt siihen sataprosenttisesti.

Tullessani ashramiin meitä oli siellä vain kourallinen. Silloin kun Amma ei ollut antamassa darshania, me saimme pitää hänet lähes kokonaan itsellämme. Nyt sitä on vaikea kuvitella tuhansien ja taas tuhansien ihmisten tullessa Amman darshaniin. Silloin saatoimme istua tuntikausia Amman läheisyydessä ja puhua vapaasti hänen kanssaan. Meidän ei edes tarvinnut ottaa huomioon, että joku muu haluaisi tehdä niin. Muistan miten eräässä Devi Bhavassa Amma kutsui minut luokseen. Hän puhui minulle eri asioista, vastasi kysymyksiini ja antoi ylenpalttisesti huomiota. Jossakin vaiheessa hän pisti pääni syliinsä ja jatkoi darhanin antamista. Luulen, että olin siinä yli tunnin. Voisiko ulkopuolelta katsottuna olla korkeammassa taivaassa? Minulla oli kuitenkin ongelma: noin puolen tunnin kuluttua toinen brahmachari alkoi soittaa *tabla*-rumpuja ja tajusin, että olisi ollut minun vuoroni soittaa. Tuolloin olin hyvin intohimoinen tablan soittaja. Olin juuri oppinut soittamaan ja se lisäsi intoani. Minä ja tuo toinen brahmachari soitimme vuorotellen. (Välillämme saattoi olla hiukan kilpailua.) Pää Amman sylissä ajattelin: "Miten ylimielistä! Hän tietää, että on minun vuoroni. Hänen olisi pitänyt tulla kysymään minulta lupaa soittaa vuorollani!" Vaikka pääni lepäsi maailman rauhallisimmassa paikassa, mieleni oli täysin keskittynyt tuohon toiseen brahmachariin, joka oli soittamassa rumpuja. Siinä kuunnellessani hänen rummutustaan kuvittelin äänen lähtevän omasta rummutuksestani - hänen *päälakeaan* vasten. Tietenkin Amma tiesi mitä ajattelin. Bhajaneiden loputtua hän pyysi minua nousemaan ja jotakuta toista istumaan paikalleni. Voimakkaan tablansoittohaluni ansioista menetin sekä tilaisuuden soittaa että nauttia Amman läheisyydestä täysin rinnoin. Tänä päivänä voin varmuudella sanoa, etten kadehtisi kenenkään toisen tablan soittoa, mutta enää ei ole myöskään mahdollista pitää päätään Amman sylissä tunnin ajan.

Amma sanookin, että tosiasiassa helvetti ei ole fyysinen taso vaan mielentila. Samoin taivas. Mieli, joka on täysin puhdistunut mieltymyksistä ja vastenmielisyyksistä voi olla onnellinen missä vain: fyysisessä helvetissä tai taivaassa. Samaan tapaan mieli, joka on täynnä täyttymättömiä haluja voi kokea helvetin vaikka taivaassa.

nehābhikramanāśo'sti pratyavāyo na vidyate |

"Karmajoogassa ponnistelut eivät mene hukkaan; niillä ei myöskään ole haitallisia vaikutuksia."

Bhagavad-Gita, 2.40

Toisin sanoen, jos epäonnistumme toimiessamme karmajoogan periaatteiden mukaan, emme häviä mitään sillä opimme virheistämme ja mielemme puhdistuu. Epäonnistuminen on täydellinen vain silloin, jos keskitymme yksinomaan työn tulokseen ja epäonnistumme. Kuvittele kirjailijaa, joka käyttää vuosia kirjansa kirjoittamiseen ja muokkaamiseen vain saadakseen selville, ettei kukaan halua julkaista sitä. Hänen häviönsä on suuri, jos hänen tavoitteenaan oli ainoastaan best-sellerin kirjoittaminen. Hän turhautuu täysin nähdessään työnsä tulosten valuvan tyhjään. Epäonnistumisestaan masentuneena hän ei edes opi työstään mitään. Jos hän olisi kirjoittanut kirjan karmajoogan näkökulmasta, hän olisi oppinut paljon kirjoittamisesta, julkaisusta, ihmisluonnosta ja itsestään.

Työn tekeminen karmajoogana ei hyödytä vain yksilöä itseään vaan koko yhteiskuntaa. Koska karmajoogi pyrkii toimimaan täydellisesti, hän tekee aina parhaansa. Valitettavasti nykyaikana useilla työpaikoilla tuntuu pätevän motto: "Tee vähemmän, saat enemmän."

Aiheeseen liittyen joku antoi minulle listan keinoista, joiden avulla voi näyttää kiireiseltä tekemättä mitään. Kolme suosikkiani olivat: 1) Älä koskaan siivoa työpöytääsi, sillä se antaa vaikutelman, ettei sinulla ole aikaa sellaisiin pikkuasioihin kuin siisteyteen. 2) Jos käytät silmälaseja, jätä vanhat lasit pöydälle aivan kuin olisit tulossa pian takaisin. Mene sitten kotiin. 3) Osta kaulatuki, värjää se ihosi väriseksi ja nuku työpöydän ääressä istuma-asennossa.

Ihmiset, jotka ajattelevat pelkästään tilinauhaansa, yrittävät aina päästä vähemmällä; he nukkuvat ja muutenkin vetelehtivät työpaikalla. Jos mahdollista, he tulevat töihin myöhässä, venyttävät ruokatuntiaan ja lähtevät töistä puoli tuntia aikaisemmin. Näin tapahtuu monella työpaikalla.

Ashramin ja valtion tekemä tsunamiaputyö erosivat toisistaan nimenomaan karmajoogan ansiosta. Ashram oli Intiassa ensimmäinen järjestö, joka sai valmiiksi valtion säädösten mukaiset tsunamiaputalot. Muistan, kuinka Amma sanoi ashramin tekemästä työstä: "Brahmacharit tekivät töitä yötä päivää. Amma soitti usein työstä vastuussa olevalle brahmacharille kysyäkseen, miten työt edistyivät. Aina kun Amma soitti, mihin kellonaikaan tahansa, puoleltaöin, kahdelta tai neljältä aamulla, hän oli töissä. Tekisivätkö palkalliset työntekijät töitä tällä tavalla? Ei, he työskentelevät kahdeksan tuntia päivässä, syövät siinä ajassa kolme kertaa ja juovat teetä kahdesti."

Kuvittele, jos koko planeettamme alkaisi tehdä työtään karmajoogana. Kuvittele sellainen maailma, jossa ihmiset eivät tekisi työtä vain palkasta vaan lisäksi kokisivat työnsä jumalanpalveluksena. Kuinka tuottelias ja tehokas maailma meillä olisikaan!

Lopulta, sen lisäksi, että karmajooga on askel valaistumiseen, vapauteen kaikista kärsimyksistä, se vähentää kärsimystemme taakkaa jo ennen valaistumista. Tämän ymmärtämiseksi on hyödyllistä katsoa erästä toista Gitan jaetta, jossa Krishna selittää, miksi ihmiset tekevät "syntiä", toimivat väärin, vaikka tietävät ettei se ole viisasta:

kāma eṣa krodha eṣa rajoguṇa samudbhavaḥ |
mahā-śano mahā-pāpmā viddhyenam-iha-vairiṇam ||

"Halu ja viha, jotka kumpuavat mielen levottomuudesta; tiedä että ne ovat kyltymättömät,
ne ovat kaiken synnin alku ja maailman pahimmat viholliset."
Bhagavad-Gìta, 3.37

Voimakkaat halut voivat saada meidät toimimaan itsekkäällä tavalla, jopa läheistemme onnen ja hyvinvoinnin kustannuksella. Karman lain mukaan sellaiset teot palaavat meille takaisin negatiivisten kokemusten muodossa. Tosiasiassa kaikki ne vaikeat ja kivuliaat tilanteet, joita nyt koemme, johtuvat menneisyydessä tehdyistä negatiivisista teoistamme. Mikä sitten saa meidät toimimaan siten? Se, ettemme voi hallita halujamme. Karmajoogan avulla voimme ainakin osittain hallita niitä, ja samalla opimme toimimaan dharman mukaisesti. Tällä tavoin astumme tielle, jolla keräämme vain hyvää karmaa tulevaisuuden varalle. Nämä esimerkit osoittavat, että karmajooga ei pelkästään puhdista mieltä ja valmista sitä Itseoivallukseen, vaan että siitä on myös paljon hyötyä nykyhetkessä. Se auttaa meitä rakastamaan elämää, oppimaan siitä ja antamaan itsestämme paljon enemmän kuin aikaisemmin.

Vaikkakin kaikki toimemme voidaan (ja henkisen etsijän ollessa kyseessä, pitääkin) tehdä karmajoogana, Amma painottaa etenkin sevan, epäitsekkään palvelutyön tekemistä tällä asenteella. Teot voidaan karkeasti luokitella kolmeen eri kategoriaan: *nishkama, sakama ja nisiddha* eli epäitsekkäät teot, henkilökohtaisista mieltymyksistä ja vastenmielisyyksistä syntyneet teot ja teot, jotka ovat haitaksi itsellemme, yhteiskunnalle ja luonnolle ja ovat siten kiellettyjä. On itsestään selvää, että meidän pitäisi lakata tekemästä sellaisia tekoja, jotka ymmärrämme haitallisiksi. Muutoin on varmaa, että saamme ennemmin tai myöhemmin tuntea niiden negatiiviset vaikutukset. Eikä riitä, että henkinen etsijä pidättäytyy kielletystä toiminnasta. Hänen tulisi pikkuhiljaa alkaa korvata itsekkäät teot epäitsekkäillä.

Amman suositus noviiseille on, että he aloittaisivat tekemällä puoli tuntia päivässä töitä toisten hyväksi. Voimme tehdä vapaaehtoistyötä tai lahjoittaa tietyn määrän palkastamme. Se auttaa meitä aluksi oikeaan suuntaan. Sen jälkeen voimme tehdä enemmän epäitsekästä työtä mahdollisuuksien mukaan. Tähän tapaan puoli tuntia päivässä voi merkitä muutoksen alkua. Monet huomaavat, että he alkavat pitää tällaisesta työstä ja niinpä he eläkkeelle jäätyään jatkavat työskentelyä toisten hyväksi, sen sijaan että vain nauttisivat oman työnsä hedelmistä. Itsekkäät ajatukset korvautuvat vähitellen halulla puhdistaa oma mieli tai palvella maailmaa. Päinvastoin kuin itsekkäät ajatukset, sellaiset halut vievät kohti vapautusta. Ne eivät vie etsijää taaksepäin, vaan niitä kannattaa vaalia. Ne ovat haluja, jotka auttavat meitä pääsemään kaikista muista haluista.

6. Luku

Avartuva näkemys

”Meidän pitäisi yrittää nähdä kaikissa Jumala.”

—Amma

Osana karmajoogaa kirjoituksissa mainitaan viisi palvontarituaalia, joita jokaisen tulisi harjoittaa elämänsä ajan. Niitä kutsutaan nimellä: *pancha maha-yagnas*, viisi suurta rituaalia. Olemmepa siitä tietoisia tai emme, niin ashramin sosiaalisessa ja henkisessä toiminnassa Amma ohjaa meitä näiden muinaisten tietoisuutta laajentavien perinteiden mukaan. Ne ovat kaikki ihanteellisia alueita karmajoogan harjoittamiseen.

Näistä ensimmäinen on Brahma Yagna (jota joskus kutsutaan nimellä: Rishi Yagna). Se on kiitollisuuden osoitus muinaisia tietäjiä kohtaan. He viitoittivat tien surusta vapautumiseen. Sitä harjoitetaan opiskelemalla ja tekemällä tunnetuksi gurun ja pyhien kirjoitusten oppeja. Amma sanoo, että yksi tapa osoittaa kiitollisuutta *mahatmoja* kohtaan on heidän opetustensa toteuttaminen käytännössä ja saman tiedon siirtäminen eteenpäin. Tosiasiassa mahatmat, kuten Amma eivät halua meiltä kiitollisuudenosoituksia tai palvontaa. He ovat oivaltaneet todellisen Itsen ja ovat pysyvästi täyttymyksen tilassa. Brahma yagna hyödyttää sen tekijää itseään, yhteiskuntaa ja koko luomakuntaa. Henkilö, joka opiskelee kirjoituksia oppii kaiken elämästä ja sen miten elää sopusoinnussa muiden ihmisten ja luonnon kanssa. Edelleen, jakaessamme tietomme muiden kanssa toteutamme myös heidän syntymäoikeutensa saada henkistä tietoa. Jos kaikki antaisivat henkisen viisautensa kuolla mukanaan, ei tulevilla sukupolvilla olisi lainkaan toivoa.

On selvää, että me Amman lapset teemme jatkuvati tätä yagnaa. Kuuntelemme Amman puheita, luemme hänen kirjojaan ja yritämme toteuttaa hänen opetuksiaan käytännössä. Vaikka julkisia puheita saa pitää vain gurun kehotuksesta, voimme me kaikki kuitenkin kertoa siitä, miten Amma on auttanut meitä elämässämme. Kaikki nämä ovat Brahma Yagnaa.

Deva Yagna on Jumalan palvontaa. Kaikki *mantrojen* toistot, meditaatio, *bhajaneiden* laulaminen jne. kuuluvat tähän kategoriaan. Kuitenkin erityisesti tämä Yagna tarkoittaa Jumalan palvontaa viiden elementin ja luonnonvoimien muodossa. Kirjoitusten mukaan kaikki luonnonvoimat ja elementit ovat tietoisuuden läpäisemiä ja niitä hallitsevat tietyt *devatat* (jumaluudet). Koko luomakuntaa kunnioitetaan, palvotaan ja ylistetään Jumalan fyysisenä muotona. Kuten Amma mainitsi Pariisissa vuonna 2007 pitämässään puheessa *Myötätunto: Ainoa tie rauhaan*: "Entisaikaan ei tarvittu erityistä luonnonsuojelua, sillä luonnonsuojelu oli eräs tapa palvoa Jumalaa ja elämää. Sen sijaan, että olisivat pelkästään ajatelleet Jumalaa, ihmiset rakastivat ja palvelivat luontoa ja yhteiskuntaa. He näkivät luojan luomakunnassa. He rakastivat, palvoivat ja suojelivat luontoa Jumalan näkyvänä muotona." Kun näemme tuulen, sateen, maan yms. Jumalan ilmentymänä, silloin luonnollisestikin kunnioitamme niitä. Ei kukaan, joka todella näkee joen Varuna Devana (veden jumalana) voisi ajatella laskevansa ongelmajätetteitä vesistöön.

Jo useiden vuosien ajan *pujassa*, jonka hän ohjaa ennen Devi Bhavaa, Amma on pyytänyt osanottajia rukoilemaan maailman rauhan puolesta. Hän sanoo, että luonto on pois tolaltaan ja vain Jumalan armo voi häivyttää yllemme kerääntyneet uhkaavat pilvet. Amma sanoo luonnon olevan häiriintyneessä tilassa, sillä ihmiset eivät elä harmoniassa luonnon ja heitä ympäröivän maailman kanssa. Voimme nähdä, että kaikki viime aikojen luonnonkatastrofit ovat suoraa seurausta luonnon riistosta. Amma osoittaa, että nyt luontoäiti reagoi vastaan ja yrittää tuhota ihmiskunnan niillä elementeillä, joiden tulisi auttaa meitä kukoistamaan. Tuuli, jonka pitäisi viilentää ja auttaa sateen ja siementen levityksessä, tulee nyt myrskyinä, hurrikaaneina ja tornadoina. Aurinko, jonka pitäisi antaa lämpöä, sulattaa napajäätiköitä. Puhdistava ja virkistävä vesi pakenee kaivoista ja vyöryy maalle tuhoisina hyökyaaltoina. Meitä kannattelevaa maanpintaa ravistavat maanjäristykset.

Pitru Yagna on edesmenneiden ja esi-isien kunnioittamista ja muistamista. Ilman heitä emme olisi edes voineet syntyä tähän maailmaan. Voimme pitää tätä yagnaa muistutuksena kunnioittaa ja arvostaa kaikkia vanhempia ihmisiä ja sukulaisia. Kirjoituksissa sanotaan:

> mātṛdevo bhava | pitṛdevo bhava |
>
> *”Olkoon äitisi sinulle Jumala.*
> *Olkoon isäsi sinulle Jumala.”*
>
> Taittiriya upanishad, 1.11.2

Onko mitään hyötyä muistaa kuolleita isovanhempiamme, jos haukumme ja kohtelemme epäkunnioittavasti elossa olevia vanhempiamme? Amma sanoo: ”Kiitollisuuden osoittaminen vanhempia kohtaan siitä rakkaudesta ja huolenpidosta, jota he antoivat meille, on esimerkkinä lapsillemme. Kun omat lapsemme näkevät meidän rakastavan ja arvostavan vanhempiamme, he puolestaan rakastavat ja kunnioittavat meitä.”

Amma aina sanoo lapsille, että ennen kuin he lähtevät kotoaan joillekin asioille, heidän pitäisi osoittaa kunnioitustaan vanhempiaan kohtaan. Intiassa tämä tarkoittaa sitä, että he kumartavat heitä ja koskettavat heidän jalkojaan. Muissa kulttuureissa se voidaan ilmaista toisella tavalla. Yleisesti ottaen, lasten pitäisi ottaa tavaksi nähdä vanhempansa ennen kuin lähtevät kouluun tai muualle. Amman kouluissa vietetään vuosittain päivää, jolloin kaikki äidit kokoontuvat *pada-pujaa*, kunnioittavaa jalkojenpesuseremoniaa varten. Miten suuri vaikutus sellaisilla rituaaleilla voikaan olla lasten (ja aikuisten) mieliin. Ne auttavat heitä näkemään jumalallisuuden kaikkialla luomakunnassa. Päämääränämmehän on elää siinä ymmärryksessä, että koko luomakunta on Jumalan ilmentymä. Mistä olisikaan parempi aloittaa kuin omista vanhemmistamme, jotka ovat ainakin materiaalisesti luoneet ja elättäneet meidät? Valitettavasti nykypäivänä monet eivät noudata näitä opetuksia. Heti kun heidän vanhempansa tulevat vanhoiksi, he lähettävät nämä vanhainkotiin ja vierailevat siellä ehkä tunnin verran kerran tai pari kuussa. Vaikuttaa siltä, että siitä on kaukana Vedojen opetukset siitä, miten heidän tulisi nähdä Jumala vanhemmissaan.

Neljäs *yagna* on Bhuta yagna. Se on eläinten ja kasvien hoitamista nähden ne Jumalana. Tässä on hyödyllistä miettiä sitä, miten riippuvaisia me olemme kasveista ja eläimistä, jotka jakavat kanssamme maapallon. Ilman eläin- ja kasvikuntaa ihmisillä ei olisi mitään ravintoa. Jopa hapen muodostuminen on mahdollista vain sen ansiosta, että kasvit muuntavat hiilidioksidia hapeksi.

Amma puhuu usein tällä hetkellä ympäristöä uhkaavasta ekologisesta katastrofista. Hän puhuu esimerkiksi siitä, miten kemialliset lannoitteet tuhoavat mehiläisyhdyskuntia. Amma muistuttaa kaikkia siitä, että ”Mehiläisillä on elintärkeä rooli luonnon ja ihmislajin säilyttämisessä. Ne pölyttävät kasveja, jotka antavat hedelmiä ja viljaa. Samaan tapaan ihmiset hyötyvät kaikista olennoista. Kaikki olennot maan päällä tarvitsevat toisiaan selviytyäkseen. Jos lentokoneen moottorissa on vikaa, se ei voi lentää. Kone ei myöskään voi lentää, jos vain yksikin tärkeä ruuvi on viallinen. Samoin kaikkein pienimmälläkin elävällä olennolla on tärkeä tehtävä. Kaikki elolliset olennot tarvitsevat myös meidän apuamme selviytyäkseen. Myös ne ovat meidän vastuullamme."

Viimeiseksi meillä on *Manusya yagna,* josta joskus käytetään nimeä *Nru Yagna.* Sen tarkoituksena on kunnioittaa kanssaihmisiä Jumalan ilmentyminä. Perinteisesti yksi tapa suorittaa tämä *yagna* oli antaa vaatteita ja ruokaa kenelle tahansa kutsumattomalle vieraalle, joka saattoi poiketa taloon ja erityisesti yösijaa tarvitseville pyhiinvaeltajille. Kautta Intian voidaan yhä nähdä vieraita kohdeltavan vertaansa vailla olevalla lämmöllä ja vieraanvaraisuudella. Monet vierasmaalaiset huomioivat sen käydessään Intiassa. *Manusya Yagnan* suhteen on hyödyllistä pohtia sitä, mistä kaikesta olemme velkaa kanssaihmisillemme: ruoasta, joka löytää tiensä pöydällemme, kotejamme valaisevasta sähköstä aina kenkiin jaloissamme.

Sanoisin että kaikista yagnoista Amma painottaa eniten *Manusya Yagnaa.* Hän sanoo: "Amma toivoo, että kaikki hänen lapsensa omistaisivat elämänsä rauhan ja rakkauden edistämiseen maailmassa. Todellista rakkautta ja antaumusta Jumalaa kohtaan on tuntea myötätuntoa köyhiä ja kärsiviä kohtaan. Lapseni, ruokkikaa nälkäisiä, auttakaa köyhiä, lohduttakaa surevia, huolehtikaa kärsivistä ja olkaa armeliaita kaikkia kohtaan." Syntymäpäivänään Amma sanoo aina, että hänelle olisi mieluisampaa, että hänelle tehtävän rituaalisen jalkojenpesun sijasta hänen seuraajansa voisivat palvella köyhiä. Ja tämä on juuri sitä, mitä on tekeillä. Ashramin orpokoti, sairaalat, talojenrakennushankkeet, eläkeohjelmat, katastrofiapu, hoivakodit, köyhien stipendit jne. ovat kaikki *Manusya Yagnan* eri muotoja.

Tehdessämme näitä Yagnoja on tarkeää muistaa se, mikä erottaa ne pelkästä palveluksesta. Se on ymmärrys siitä, että palvelemme Jumalaa. Ramana Maharishi kirjoitti teoksessaan Upadesha Saram:

jagata īśadhī yukta-sevanam |
aṣṭa-mūrti-bhṛd-deva-pūjanam ||

"Maailman palveleminen sillä asenteella, että palvelee Jumalaa on todellista Jumalanpalvelusta
Hänen, joka hallitsee kahdeksaa eri muotoa."

Upadesha Saram, 5

"Kahdeksan muotoa" ovat viisi elementtiä (avaruus, ilma, tuli, vesi ja maa), sekä aurinko, kuu ja kaikki olennot. Näin ollen emme auta kanssaihmisiä ja kasveja vain siksi että Jumala *haluaa* sitä, vaan siksi että ymmärrämme niiden *olevan* Jumala. Tätä tarkoittaa sanonta: *nara seva narayana seva*, "Toisen ihmisen palvelu on Jumalan palvelua. Samalla ymmärrämme, että joet, eläimet ja puut ovat myös osa Jumalaa. " Niin myös vanhempamme. Se on tärkeä asenne, joka auttaa puhdistamaan ja avartamaan mieltä. Se tuhoaa vähitellen rajoittuneet käsityksemme maailmasta ja Jumalasta.

Seuraava on esimerkki siitä, miten tämä asenne toimii Brahma Yagnan suhteen, joka oli siis kasvi- ja eläinkunnan suojelemista ja vaalimista Jumalan palveluna. Joissakin Amman kouluissa tehdään eräänlaista Bhuta Yagnaa siten, että opettajat antavat kullekin lapselle puun taimen istutettavaksi. Lapset antavat taimelle nimen ja palvelevat sitä kastelemalla sitä päivittäin. Opettajat kertovat jotakin hyvin kaunista: lomien alkaessa, monet lapset menevät kasviensa luo ja sanovat niille: "Loman aikana en ole täällä kastelemassa sinua, mutta älä ole surullinen. Tulen takaisin kahden kuukauden kuluttua. Älä itke." Kukaan ei ole käskenyt lapsia puhumaan taimille tähän tapaan, se on heille luontaista. Heidän ja kasvien välille on spontaanisti kehittynyt suhde sen seurauksena, että he ovat nimenneet ne ja kastelleet niitä päivittäin. Jotkut lapsista ovat jopa kirjoittaneet kirjeitä ja ripustaneet niitä taimiinsa: "Kun olet surullinen, lue kirjeeni."

Koko elämänsä ajan näillä lapsilla tulee olemaan ymmärrys siitä, että puut eivät ole elottomia vaan elollisia olentoja ja että niillä on tunteet. Lasten näkemys maailmasta on alkanut avartua. Lopulta he voivat ymmärtää että koko maailmankaikkeus, sekä sisäinen että ulkoinen, sykkii jumalallisuutta. Oikealla asenteella suoritettuna, panca maha-yagnat voivat auttaa meitä näkemään oman Itsemme muissa ja muut Itsessämme. Tämä ymmärrys vie kohti todellista Jumalan olemassaolon oivaltamista.

7. Luku

Jumalallisten ominaisuuksien kehittäminen

"Lapset, Jumala on antanut meille kaikki välttämättömät ominaisuudet, joiden avulla meistä voi tulla Hänen kaltaisensa. Rakkaus, kauneus ja kaikki jumalalliset ominaisuudet ovat meissä. Meidän tulisi käyttää näitä kykyjämme ja ilmaista jumalallisia ominaisuuksiamme".

—Amma

Jokainen uskonto korostaa sitä, miten tarpeellista on kehittää hyviä ominaisuuksia – kuten olemaan ystävällinen, puhumaan totta, olemaan varastamatta jne. Lyhyesti sanottuna meidän tulisi noudattaa Kultaista sääntöä: "Tee muille vain sitä, mitä toivot heidän tekevän itsellesi". Tämänkaltainen ilmaisu on löydettävissä kaikkien maailman uskontojen pyhistä kirjoista, hinduismi mukaanlukien. Esim. Mahabharatassa puolijumalat kasvattavat Yudhisthiraa sanoen:

na tat parasya saṁdadhyāt pratikūlaṁ yadātmanaḥ |
eṣa saṁkṣepato dharmaḥ kāmādanya pravartate ||

"Kenenkään ei tulisi tehdä kellekään mitään sellaista, jonka voisi arvioida vahingoittavan omaa itseä. Tämä lyhyesti sanottuna on dharman sääntö. Muunlainen käyttäytyminen perustuu itsekkäisiin haluihin".

Mahabharata, 13.114.8

Luonteen jalostaminen on tärkeää paitsi sen vuoksi, että se luo yhteisöllistä harmoniaa, myös sen vuoksi, että se rakentaa myös yksilön omaa harmoniaa. Itse asiassa kirjoituksissa toistetaan yhä uudelleen ja uudelleen, että ilman luonteen jalostamista henkisellä etsijällä ei ole mitään toivoa saavuttaa Itseoivallusta.

nāvirato duścaritānnāśānto nāsamāhitaḥ |
nāśantamānaso vā'pi prajñānen-ainam-āpnuyāt ||

"Joka ei ole luopunut huonoista tavoistaan, joka ei kykene hallitsemaan aistejaan, jonka mieli ei ole keskittynyt, jonka mieli ei ole levollinen, ei voi saavuttaa Itseä tiedon avulla"

Katha upanishad, 1.2.24

Kirjoitukset luettelevat lukuisia ominaisuuksia, joita tulisi kehittää. Tämä johtuu siitä, että pyhimykset ja tietäjät tutkivat aikoinaan uupumatta ihmismieltä, myös sen kaikkein hienojakoisimpia puolia. Lukuisat sanskriitinkieliset kirjat ovat osoitus siitä, kuinka tarkkoja ja perusteellisia Intian muinaiset suuret tietäjät olivat. Sanalle 'suru' on olemassa tusinoittain eri vaihtoehtoja – kaikki heijastavat sen erilaisia hienojakoisia käyttötapoja. Kuinka monta erilaista tapaa onkaan ilmaista ylpeyttä! Tai rakkautta! Entisten aikojen suuret tietäjät jakoivat jopa ihmisen hymyn kuuteen eri luokkaan. Bhagavad Gitan 13. luvussa Sri Krishna luettelee yli 20 ominaisuutta, joita vilpittömän etsijän tulisi kehittää.

Tässä luvussa keskitymme muutamaan ominaisuuteen, joita Amma erityisesti korostaa ja mitä meidän pitäisi kehittää. Ne ovat: kärsivällisyys, viattomuus, nöyryys, tietoisuus ja myötätunto.

Vaikka nämä ominaisuudet ovat universaaleja, eri kirjoitukset ja gurut painottavat tiettyjä ominaisuuksia enemmän kuin toisia. Tämä on johtunut aikakauden tarpeista tai eri gurujen oppilaiden omista erityistarpeista. Oli miten tahansa, Amma sanoo, että alussa meille riittää, kun keskitymme yhden hyvän ominaisuuden kehittämiseen: ”Poimi vain yksi ominaisuus ja kehitä sitä äärimmäisellä uskolla ja toivolla; muut ominaisuudet seuraavat automaattisesti”.

Havainnollistaakseen tätä asiaa Amma kertoo tarinan naisesta, joka voitti eräässä kilpailussa pääpalkinnon, joka oli kristallikruunu. Hän vei sen kotiinsa ja ripusti sen olohuoneensa kattoon. Nauttiessaan sen kauneudesta hän huomasi, että olohuoneen seinien maali oli kulunut ja näytti likaiselta verrattuna kristallikruunuun. Niinpä hän päätti maalata seinät uudestaaan. Kun hän oli saanut tämän työn päätökseen, hän huomasi, että ikkunaverhot olivat likaiset. Tämä puolestaan inspiroi häntä ottamaan ikkunaverhot alas ja pesemään ne perusteellisesti. Tämän jälkeen hän huomasi, että lattian matto oli käynyt nukkavieruksi, joten hän vaihtoi sen uuteen mattoon. Lopulta koko huone näytti täysin uudelta. Lopputuloksena oli koko huoneen muuttuminen uudeksi ja kaikki alkoi vain pienestä muutoksesta – uudesta kattokruunusta.

Tätä Amman esittämää asiaa voi havainnollistaa myös fyysisen kehon kehittämisen kautta. Olettakaamme, että mies huomaa, että hänen kehonsa ei ole enää parhaassa terässä ja hän haluaa alkaa harjoitella. Aluksi hän päättää tehdä muutamia punnerruksia. Joka päivä hän tekee niitä lattialla niin monta kuin hän pystyy. Noin kuukauden kuluttua hän tuntee olonsa todella erilaiseksi ja kun hän katsoo itseään peilistä, hän näkee kuinka paljon vahvemmilta hänen rintakehänsä ja hartiansa näyttävät. Mutta verrattuna niihin hänen hauislihaksensa näyttävät pieniltä, joten hän hankkii itselleen käsipainoja ja lisää niillä työskentelyn harjoitukseensa. Tämän jälkeen hän haluaa kohentaa vatsalihaksiaan ja hän alkaa tehdä istumaannousuja. Sitten ovat vuorossa kyykkyhypyt, jotka vahvistavat jalkalihaksia...Vuoden kuluttua emme enää tunnista tätä kaveria. Hänestä on tullut Arnold Schwarzenegger!

Tällainen kehitys johtuu tietoisuuden laajentumisesta. Me kehitämme mielessämme yhtä hyvää ominaisuutta ja yhtäkkiä se tuokin esiin kielteiset ominaisuutemme.

Aiemmin, vaikka olimmekin ehkä tietoisia kielteisten ominaisuuksiemme olemassaolosta, emme välittäneet niistä paljoakaan, sillä meidän ei ollut pakko kohdata niitä kovinkaan usein. Perheellemme, ystävillemme ja työtovereillemme ne olivat selvästi näkyvissä, mutta tietoisuuden puutteen vuoksi me emme niitä huomanneet.

Kirjoituksissa myönteisiä ominaisuuksia kutsutaan termillä *daivi sampat* – jumalalliset[1] ominaisuudet, kun taas kielteisiä ominaisuuksia kutsutaan termillä *asuri sampat* – demoniset ominaisuudet.

Perusluonteeltamme emme ole hyviä tai pahoja; me olemme perusrakenteeltamme tietoisuus, jossa nämä ominaisuudet ilmenevät. Mutta koska mieli on olemassa, se voi omaksua erilaisia ominaisuuksia. Missä ei ole päivää, siellä on vain yö. Yleensä siellä, missä ei ole hyveitä, on vain niiden vastakohtia. Esimerkiksi, jos ei ole myötätuntoa, voiko olla muuta kuin välinpitämättömyyttä? Jos joku ei ole nöyrä, hänen täytyy olla egoistinen. Jos joku ei ole kärsivällinen, hänen täytyy olla kärsimätön. Mielemme ominaislaadut ovat meidän hallinnassamme. Me voimme joko antaa niiden raunioitua demoniselle tasolle tai jalostaa niitä, kunnes ne loistavat jumalien kunniaa.

Intian muinaisissa legendoissa pohdittiin tätä asiaa. Oli olemassa tietäjä nimeltään Kasyapa ja hänellä oli kaksi vaimoa: Aditi ja Diti. Aditi synnytti puolijumalia (*adityas*) ja Diti demoneja (*daityas*). Tämä vertauskuva symboloi sitä, kuinka yksilön mieli on kykeneväinen sekä hyvään että pahaan.

---

[1] Ne ovat jumalallisia sen vuoksi, että niiden kehittäminen auttaa meitä etenemään kohti oivallusta, että olemme perusluonteeltamme jumalallisia.

Se, että ominaisuus – olkoon se sitten hyvä tai paha – ei ilmennä itseään, ei tarkoita, etteikö se olisi olemassa yksilön psyykessä. Sen alkujuuri on piilotajunnassa ja kun sopiva tilaisuus tulee, ominaisuus tulee esiin. Kuninkaalla, jota jatkuvasti palvellaan välittömästi, ei ole montaakaan tilaisuutta osoittaa kärsivällisyyttä tai kärsimättömyyttä. Mutta antakaapa hänen odottaa päivällistä, niin näette mitä tulee esiin. Samoin munkilla, joka elää yksin luolassaan, ei ole paljoakaan tilaisuutta ilmaista myötätuntoa tai apatiaa ja kuitenkin hänellä ovat nämäkin ominaisuudet. Mahatma ilmentää vain hyviä ominaisuuksia, sillä hän on ylittänyt kaikki itsekkäät tarpeensa (mieltymyksensä ja vastenmielisyytensä), ja näkee kaiken vain oman Itsensä laajentumana. Lisäksi hän noudattaa dharman mukaisia ohjeita, jotta olisi esimerkkinä muille. Normaalin ihmisen toiminta on sidoksissa siihen, kuinka riippuvainen hän on erilaisista mieltymyksistään tai toisaalta miten vahvasti hän on sitoutunut dharman mukaiseen toimintaan. Olemme ikään kuin puntarissa, jonka toisessa vaakakupissa ovat mieltymyksemme ja toisessa dharman mukainen toiminta. Jos edellinen on voimakkaampi, käyttäydymme kuin paholainen; jos jälkimmäinen, kuin jumala. Jos meditoimme eristyksissä, jotta voittaisimme taipumuksemme erilaisiin mieltymyksiin, voimme ylittää ne vain sen vuoksi, että ulkoinen ärsyke puuttuu.

Vasta kun olemme tietoisia kielteisistä taipumuksistamme, voimme yrittää muuttaa niitä myönteisiksi.

Minulle kerrottiin tätä valaiseva esimerkki, joka oli lapsille suunnatussa animaatioelokuvassa ”Nemoa etsimässä”. Elokuvassa joukko haita päätti, että ne eivät enää syö kalaa. Ne jopa muodostivat ryhmän ”Anonyymit Kalan Syöjät”. Tapaamisissaan he muistuttivat toinen toisiaan toistellen yhä uudelleen ”Kalat ovat ystäviä – eivät ruokaa”. Ryhmän johtajana oli Suuri Valkoinen Hai, joka ylpeänä selitti, ettei se ollut syönyt kalaa kolmeen viikkoon. Kaikki näytti menevän hyvin, kunnes eräs lähistöllä uinut kala sai itseensä pienen haavan, josta tuli pieni veripisara, joka alkoi levitä vedessä kohti johtajahain nenää. Tietysti sillä sekunnilla kun se haistoi veren, kalansyönti-vasana (taipumus) heräsi eikä hai enää kyennyt hillitsemään itseään. Siitä tuli täysin mielipuoli, metsästäen kaloja ympäri valtamerta syödäkseen niitä.

Tällä en tarkoita sitä, että meidän tulisi ripustaa aistejamme houkuttelevia asioita nenämme eteen, mutta emme myöskään voi lopullisesti piiloutua niiltä. Henkisen elämän alkutaipaleella on tärkeää, että sitoudumme *damaan* (aistien hallintaan) ja välttelemme houkuttelevia aistikohteita. Mutta lopulta meidän on tultava riittävän vahvoiksi, jotta voimme ylittää välttelemisen tarpeen. Kuten Amma sanoo "Puun tainta tulee suojata aidalla siihen asti kunnes se on riittävän iso. Sen jälkeen ei ole mitään pulmia." Vain kun voimme kohdata silmästä silmään houkuttelevan aistikohteen ilman että tunnemme pienintäkään halua sitä kohtaan, voimme sanoa todella päässeemme irti vasanasta.

Demoniset ominaislaadut ilmenevät, kun samastumme johonkin rajalliseen, esimerkiksi kehoon tai mieleen. Jumalalliset ominaisuudet ilmenevät, kun samastumme johonkin rajoittamattomaan – tietoisuuteen. Täten, mitä enemmän samastumme kehoomme ja mieleemme, sitä demonisemmaksi luonteemme tulee. Mitä enemmän samastumme Itseemme, sitä enemmän muutumme Jumalan kaltaisiksi. Itsen todellinen luonne on kaikkien kaksinaisuutta koskevien käsitysten, kuten hyvän ja pahan, tuolla puolen mutta jotta voisimme oivaltaa tämän meidän täytyy ensin puhdistaa oma mielemme kehittämällä jumalallisia ominaisuuksia. Oikeudenmukainen ja hyvä käytös toimii ponnahduslautana, joka tekee muutoksen itsekkyydestä epäitsekkyyteen mahdolliseksi.

Luokaamme nyt tarkempi silmäys noihin jumalallisiin ominaisuuksiin, joita Amma korostaa, ja tutkikaamme joitakin tapoja, joilla niitä voi kehittää. Muistakaamme, että vaikka Amma painottaakin näitä ominaisuuksia, se ei tarkoita sitä, että hän pitäisi muita jumalallisia ominaisuuksia vähemmän tärkeinä ja että voisimme laiminlyödä niitä.

Kärsivällisyys

Amma sanoo, että kärsivällisyys on ominaisuus, jota tarvitaan henkisessä elämässä alusta loppuun saakka. "Henkinen elämä on mahdollista vain sille, jolla on paljon kärsivällisyyttä", Amma sanoo. "Muussa tapauksessa lopputuloksena on vain pettymys". Nykyään jokainen haluaa saada työnsä hedelmät välittömästi. Tänään melkein jokainen mainos sisältää sanan "välittömästi" – lainaa välittömästi, välitön hieronta, välittömät luottotiedot, välitön tulos... Puhutaan jopa "välittömästä valaistumisesta". Amma sanoo, että nopeuden tarpeesta on tullut kuin sairaus.

Kaikki, mikä on arvokasta, vaatii aikaa. Näemme tämän jopa tavassa, jolla tänä päivänä tuotetaan vihanneksia. Uuden maanviljelystekniikan avulla tiedemiehet ovat onnistuneet lyhentämään aikaa, joka tarvitaan viljelystä sadonkorjuuseen, mutta tämän tuloksena on, että vihanneksissa on vähemmän ravintoaineita.

Olen kuullut vitsin, jossa mies rukoilee Jumalalta: "Voi hyvä Jumala, anna minulle kärsivällisyyttä – nyt heti." Valitettavasti näin tämä asia ei toimi. Monella tapaa henkistä kasvua voi verrata kukan puhkeamiseen kukkaan. Se on vähittäinen prosessi, joka vaatii huolenpitoa ja kärsivällisyyttä. Siementä ei voi rikkoa ja vetää itua ulos. Kukan terälehtiä ei voi avata väkisin. Valitettavasti nykyaikana ihmiset vaativat, että henkinen kehittyminen tapahtuisi mahdollisimman nopeasti. Amma sanoo, "Tämä on kuin äiti sanoisi lapselleen 'Haluan että kasvat isoksi nyt heti! Miksi sinun pitää olla lapsi niin kauan aikaa? Kiirehdi! Ei minulla ole aikaa odottaa." Mitä mieltä olisitte tällaisesta äidistä, muuta kuin että hän on äärimmäisen typerä tai järjetön. Ihmiset odottavat, että tapahtuu ihme. Heillä ei ole kärsivällisyyttä odottaa tai ponnistella asian eteen. He eivät ymmärrä, että todellinen ihme on se, että sydämemme avautuu korkeimmalle totuudelle. Tällainen sisäinen kukkiminen on kuitenkin aina hidasta, mutta toisaalta pysyvää."

Jos meillä ei ole kärsivällisyyttä, meillä ei ole toivoa edistyä henkisessä elämässä. Vuosikymmeniä olemme antaneet mielemme tehdä mitä se haluaa. Nyt yhtäkkiä yritämme saada sen hallintaan. Me olemme eläneet tavoitellen maallista menestystä, nyt yritämme ylittää tällaisen lyhytnäköisyyden.

Yritämme korvata kielteisyyden myönteisillä arvoilla, vihan rakkaudella, välinpitämättömyyden myötätunnolla.

Useimmiten vasanamme ovat kuitenkin syvään juurtuneita ja niiden pois kitkeminen vaatii omistautumista ja vilpittömyyttä. Ennen kuin henkisessä elämässämme tapahtuu käänne, meidän täytyy muuttaa täysin ajattelutapaamme itsestämme, maailmasta ympärillämme ja jopa Jumalasta. Tämä ei tapahdu hetkessä.

Viattomuus

Amma puhuu viattomuuden kehittämisestä ehkä enemmän kuin mistään muusta ominaisuudesta. Perimmäisessä merkityksessään Amma tarkoittaa viattomuudella Itseoivalluksen hedelmää – sitä, että yksilöllä on aina uusi ja autuas näkökulma kaikkeen siihen, mitä hän kohtaa. Suhteellisemmalla tasolla Amma käyttää sanaa 'viaton' tarkoittamaan lapsenkaltaista uskoa ja vastaanottavuutta – aloittelijan asennetta. Ilman näitä ominaisuuksia yksilö ei kykene kehittymään. Ilman uskoa guruun ja kirjoituksiin meidän ei ole mahdollista edes päästä alkuun henkisellä tiellä. Ilman vastaanottavaisuutta torjumme kaiken, mikä ei sovi sen hetkiseen ajatusmaailmaamme. Ilman aloittelijan asennetta turhaudumme nopeasti ja luovutamme. Nämä ominaisuudet auttavat meitä näkemään maailman ainakin jossain määrin lapsen silmin

– ihmetellen ja iloiten. Tämä rikastuttaa sekä omaa elämäämme että muiden elämää.

”Jos meillä on aina aloittelijan asenne, jokainen tilaisuus antaa meille mahdollisuuden oppia jotain, ”Amma sanoo. ”Aloittelija on aina tietämätön ja hän tietää olevansa tietämätön. Sen vuoksi hän kuuntelee tarkkaavaisesti. Hän on avoin ja vastaanottavainen. Kun ajattelet, että tiedät, silloin et enää kuuntele, sinä vain puhut. Mielesi on jo täynnä.”

Aloittelijana oleminen ei tarkoita sitä, ettemme kehittyisi tai että meidän tulisi unohtaa kaikki se, mitä olemme oppineet. Se tarkoittaa sitä, että pysymme täysin avoimina, tarkkaavaisina ja vastaanottavaisina. Amma sanoo, että tämä on ainoa tapa todella imeä itseensä tietoa ja viisautta.

Viattomuudessaan lapsi on aina valmis antamaan anteeksi ja unohtamaan. Tosiasiassa hän ei edes ajattele sitä anteeksiantamisena. Tämä tapahtuu automaattisesti. Mutta me toimimme juuri päinvastoin. Me pidämme tiukasti kiinni kaunastamme ja ylenkatseestamme vuosikausia – jopa koko elämän.

Amma sanoo, että jotkut ihmiset jopa rukoilevat, että he voisivat tulla seuraavassa elämässä takaisin kostaakseen niille, jotka ovat tehneet väärin heitä kohtaan. Lapset puolestaan saattavat suuttua toisilleen hetkessä ja seuraavassa hetkessä taas leikkiä onnellisesti toinen toisensa kanssa. Amma sanoo, että tämänlaatuista mieltä meidän tulisi kehittää – mieltä, joka osaa antaa anteeksi ja unohtaa.

Viattomuudessa olemme avoimia, vastaanottavaisia ja täynnä uskoa. Jos kerrot lapselle, että hän on kuningas, jolla on taikavoimia, hän uskoo sen välittömästi. Henkisessä elämässä guru kertoo meille todellisen luonteemme eri puolista ja samoin ympäröivän maailman todellisesta luonteesta – asioista, joita meidän on joskus todella vaikea niellä. Tällaisina hetkinä meille on todella hyötyä siitä, jos olemme onnistuneet säilyttämään hiukan lapsenmielisyyttämme.

Eräs tapaus, joka sattui monta vuotta sitten, valaisee selvästi tätä asiaa. Eräänä yönä eräs ashramin asukas oli sängyssään valveilla ajatellen Ammaa, kun hän yhtäkkiä huomasi hyttysen lentävän suoraan otsaansa kohti. Uskoen, että kyseessä oli Amma, joka hyttysen muodossa tuli siunaamaan häntä, hän antoi hyttysen pistää itseään pitäen tarkkaan huolta, että mikään ei häirinnyt hyttystä, kun se imi verta hänestä. Hyttynen jätti jälkeensä ison läiskän kohtaan, johon se oli pistänyt häntä – juuri ns. kolmannen silmän kohtaan. Seuraavana päivänä joku kertoi Ammalle tästä "darshanista" ja Amma kutsui asukkaan luokseen katsoakseen läiskää. Kun Amma näki sen, hän nauroi äänekkäästi ja halasi asukasta rakastavan tiukasti. Aina kun Amma viittaa tähän tarinaan, hän nauraa ja lisää "Tällainen viattomuus ei saisi koskaan hävitä".

Voimme myös nauraa ajatellen, "Voi hyvä Jumala! Amma hyttysen muodossa? Älä nyt naurata! Mikä hassu ajatus!" Mutta pyhissä kirjoituksissa selitetään, että kaikki viisi elementtiä, joista fyysinen maailma koostuu, ovat alkuperältään jumalallisia. Todellisen vedantistin tulee ymmärtää tämä totuus ja että hyttynenkin on alkuperältään jumalallinen (Tämä ei tarkoita, ettemmekö voisi silti karkottaa sitä pois.) Joten hiukkanen tällaista viattomuutta ei ole ollenkaan pahaksi.

Nöyryys

Egon poiskitkeminen tapahtuu kahdella tasolla. Hienojakoisella tasolla se tarkoittaa sen käsityksen hävittämistä, että ihminen on erillinen yksilö. Karkeammalla tasolla se tarkoittaa sen ajatuksen poiskitkemistä, että ihminen kuvittelee olevansa toista parempi[2]. Tosiasiassa se, että ihmisellä on vahva karkea ego tarkoittaa sitä, että hänellä on myös vahva hienojakoinen ego. Karkeasyisen egon poistaminen on henkisen elämän päämäärä. Tämä voi onnistua vain, kun sopeudumme ajatukseen, ettemme ole keho, tunteet tai äly, vaan tietoisuus, joka tosiasiassa on kaikkialla läsnäoleva ja ikuinen. Jotta voisimme saavuttaa tämän ymmärryksen, meidän on ensin poistettava karkeasyinen ego ainakin jossain määrin. Tämän vuoksi Amma korostaa nöyryyden kehittämisen tärkeyttä.

Ilman nöyryyttä emme koskaan kykene kumartumaan gurun edessä ja hyväksymään ajatusta, että käsityksemme totuudesta ovat vääristyneitä. Kun ego on suuri, yksilö ei kykene ottamaan edes harjaa käteensä tehdäkseen sevaa gurun hyväksi. Kuten Amma sanoo, "Siemenessä piilee valtava puu mutta puu voi kasvaa vain, jos siemen kylvetään maahan. Jos siemen ajattelee egoistisesti 'Miksi minun pitäisi kumartua likaisen maan puoleen', sen todellinen luonne ei voi ilmentyä ja siemenestä voi tulla rotan tai oravan ruokaa. Samalla tavalla vain jos viljelemme ja kehitämme nöyryyttä, on meidän mahdollista ymmärtää Korkein Totuus, joka on todellinen luontomme."

Valitettavasti jotkut henkiset etsijät lankeavat ylpeyden paulaan. He samastuvat täysin mieleensä ja älylliseen ymmärrykseensä henkisyydestä ja kehittävät hienojakoisen – eikä aina edes niin hienojakoisen – ylemmyydentunteen. Sadhana Pancakamissa Aadi Shankaracarya varoittaa etsijöitä erityisesti tästä sudenkuopasta sanoen *aharahargarvah parityajyatam* – "Pysyköön tiedon aikaansaama ylpeys kokonaan poissa sinusta".

Nöyryys on luonnollinen ilmaus henkisestä ymmärryksestä. Kun me todella ymmärrämme, että maailma ja kaikki siinä oleva on jumalallista, kuinka meillä voisi tulla tunnetta

[2] Meidän tulisi huomata, että alemmuudentunne on yhtä lailla este henkisyydelle kuin ylemmyydentunne.

paremmuudesta? Kun ymmärrämme, että ilman viiden elementin apua emme voi syödä, juoda tai edes hengittää, mitä muuta voimme olla kuin nöyriä? Kun tällainen ylpeys tulee, meidän tulee tuhota se pohdiskelun avulla. Meidän tulee miettiä, "Kaikki se tieto, joka minulla on, on tullut yksinomaan guruni kautta. Mitä vaatimuksia voisin esittää sen suhteen? En voi pyytää edes kunniaa omasta mielestäni ja sen kyvystä muistaa ja ajatella!"

Olipa kerran guru, joka oli ottanut kaksi veljestä oppilaikseen. Eräänä aamuna nuorempi veli lähestyi gurua ja sanoi, "Tiedän, että olet sitä mieltä, että vanhempi veli on sopivampi oppilaaksi kuin minä. Mutta mikä hänessä on niin suurta? Minä osaan tehdä kaiken sen minkä hänkin!"

Guru pyysi oppilasta hakemaan veljensä. Pian hän saapuikin takaisin vanhempi veli rinnallaan. Guru sanoi "Kumpikin teistä lähtee ulos ja pesee kymmenen sellaisen ihmisen jalat, jotka ovat teitä alempiarvoisia ja katsomme kumpi teistä tulee ensin takaisin."

Molemmat veljet kumarsivat mestarinsa edessä ja lähtivät välittömästi suorittamaan tehtäväänsä. Oli tuskin kulunut tuntiakaan kun nuorempi veli palasi. "Minä tein sen", hän sanoi. Guru vain hymyili myötätuntoisesti. Vanhempi veli palasi vasta iltahämärissä. Hän ei puhunut mitään. Hän vain yksinkertaisesti kumarsi gurunsa jalkojen edessä. "No?" guru kysyi. "Olen pahoillani Guruji", hän sanoi "vaikka menettäisin henkeni, en löytänyt ketään minua alempiarvoisempaa." Guru katsoi nuorempaa veljeä ja sanoi, "Hänen nöyryytensä tekee hänestä paremman."

Tarkkaavaisuus

Amma sanoo, että henkisen etsijän tulisi tehdä kaikki toimensa tarkkaavaisuudella. Tällä tavoin hänen jokaisesta toimestaan tulee kuin meditaatiota. Jos haluamme todella vakavasti kehittää henkistä keskittyneisyyttämme, meidän tulisi elää tavalla, joka muuttaa meidän ns. maailmalliset toimemme henkisen puhdistautumisen välineiksi. Eräässä upanishadissa henkistä polkua verrataan jopa veitsenterän reunalla kävelemiseen. Näin sen vuoksi, että mieltä ei tule ainoastaan hioa veitsenteräväksi, vaan tätä veitsenterävää mieltä tulee sitten käyttää siihen, että erottelemme jatkuvasti sen suhteen mikä on todellista ja mikä on epätodellista. Amma sanoo, että jos emme kehitä tarkkaavaisuutta yksinkertaisten asioiden suhteen, meillä ei ole toivoa tehdä niin ajatustemmekaan suhteen.

Muistan yhden hauskan tapauksen, joka sattui eräälle brahmacharinille, jonka tehtävänä oli oikolukea ashramin julkaisuja. Kun eräs julkaisu oli painettu, ilmeni kauhea virhe eräässä Amman sanomassa asiassa, jota siteerattiin. Oikeassa siteerauksessa oli Ammalta usein kuultu sanonta: "Meiltä ei puutu kirjaviisautta, vaan tietoisuutta. "Painetussa julkaisussa Amman sanomaksi oli laitettu: "Meiltä ei puutu tietoisuutta, vaan kirjaviisautta." Mikä moka!

Hänen oikolukunsa itsessään – tai sen puute – valaisi Amman sanomaa asiaa. Kyse ei ollut siitä, etteikö hän olisi tiennyt Amman opetusta. Hän oli varmasti kuullut Amman sanoman asian monta kertaa. Mutta häneltä puuttui tarkkaavaisuutta havaita tämä, vaikka se oli kirjoitettu väärin. Tosiasiassa, kun kirja oli painettu ja virhe havaittiin, kyseinen brahmacharini vietti aikansa mukavasti siten, että hän liimasi pieniä paperiliuskoja, joissa teksti oli oikein, jokaiseen painettuun kirjaan. Tämä oli varmasti läksy, jota hän ei koskaan unohtaisi.

Myötätunto

Amma sanoo, että myötätunto on rakkautta, joka ilmenee käytännön toimissa. Todellinen rakkaus on tunne, joka on seurausta ykseyden kokemisesta. Kun joku, jota rakastamme kärsii, tunnemme hänen tuskansa kuin se olisi omaamme ja teemme kaikkemme lievittääksemme sitä. Itse asiassa tämä on englanninkielisen sanan *compassion* (myötätunto) kirjaimellinen merkitys; sana tulee latinan kielen sanoista *com* (tulla yhteen) + *pati* (kärsimään). Meidän rakkautemme on rajallista – ja sekin on varattu vain muutamille ihmisille – mutta mahatmat, kuten Amma, näkevät ykseytensä koko luomakunnan kanssa. Tämän vuoksi hän luonnollisesti haluaa auttaa kaikkia köyhiä ja kärsiviä. Hänen toimintansa on laajaa, sillä hänen mielensä on laaja. Hänen myötätunnollaan ei ole rajoja, koska hänen käsityksellään Itsestä ei ole rajoja. Amma sanoo, että jos haluamme laajentaa tunnetta Itsestä, meidän tulisi ensin yrittää avata sydäntämme ja tuntea muiden tuska. Käytä hieman aikaasi ajatellen ihmisiä ja heidän surujaan. Lisäksi tee pyyteetöntä palvelutyötä auttaaksesi lähimmäisiäsi heidän vaikeassa tilanteessaan. Mahatman näkemys on laaja ja sen vuoksi hänen toimensakin seuraavat tätä näkemystä. Omalta osaltamme voimme toimia toisin päin: antakaamme toimiemme ensin laajeta ja vähitellen myös mielemme laajenee.

On sanomattakin selvää, että Amman koko elämä on myötätunnon opettamista. Myötätuntoiset toimet saavat aikaan myötätunnon tunteen laajenemisen. Amman orpokoti Amrita Niketam, joka sijaitsee Parippallyssa Kollamin alueella Keralassa, on kaunis esimerkki tästä. Viisisataa lasta syö yhdessä kolme kertaa päivässä. Kun jokainen lapsi on saanut ruokansa, he toistavat 15. luvun Bhagavad Gitasta ja uhraavat 2 riisipalloa[3]: ensimmäinen riisipallo Ammalle ja toinen kaikille maailman nälkäänäkeville lapsille. Kun lapset sulkevat silmänsä ja rukoilevat muiden lasten puolesta, heidän kasvoillaan voi nähdä todellisen vilpittömyyden. He todella rukoilevat koko sydämestään. Usein voi nähdä kyynelten valuvan heidän poskilleen. Amma sanoo, että meidän kaikkien

[3] Riisipallot syödään lopuksi prasadina (siunattu tai temppelissä pyhitetty uhrilahja, yleensä ruoka tai makeinen)

tulisi varata aikaa muiden kärsimysten pohtimiseen. Tämä avaa sydämemme ja se vuorostaan ilmenee toimissamme.

Keinoja henkisten ominaisuuksien kehittämiseen

Voimme helposti listata tusinoittain hyviä ominaisuuksia, joita toivoisimme meillä olevan. Mutta kuinka kasvattaa noita hyviä ominaisuuksia niin, että ne puhkeavat täyteen kukoistukseensa?

Helpoin tapa on *satsang* – ajan viettäminen sellaisten ihmisten kanssa, joilla on noita hyviä ominaisuuksia. Kuten oli puhetta kappaleessa kaksi, mitä enemmän olemme tekemisissä *dharmisten* (oikeamielisten) ihmisten kanssa, sitä valmiimpia olemme omaksumaan dharmista käyttäytymistä. Ja päinvastoin, mitä enemmän olemme tekemisissä *adharmisten* (epäoikeudenmukaisten) ihmisten kanssa, sitä todennäköisemmin omaksumme adharmista käytöstä. Monet länsimaalaiset, jotka tulevat asumaan Amritapuriin omaksuvat huomaamattaan hienoisen intialaisen aksentin puheessaan. Miksi? Seura tekee kaltaisekseen. Samoin, jos valitsemme itsellemme hyvää seuraa, se vain hyödyttää meitä, sillä me omaksumme näiltä ihmisiltä aina joitakin hyviä ominaisuuksia. Jos taas valitsemme huonoa seuraa, se voi viedä meidät helposti henkisesti alaspäin. Vaikka emme aina pääsekään hyvään seuraan, voimme ainakin lukea heistä henkisessä kirjallisuudessa. Tämä on myös satsangia.

Toinen asia, jonka voimme tehdä, on tehdä lupaus. Jos meillä on todellisia ongelmia kärsivällisyyden suhteen, voimme hiljaisesti tehdä lupauksen, että emme menetä malttiamme. Sen jälkeen meidän tulisi olla erityisen valppaita, kun ajaudumme stressaaviin, ärsyttäviin tai turhauttaviin tilanteisiin.

Ashramissa asuu henkilö, jonka ongelmana oli vihaisuus. Hän suuttui usein ja kun suuttumus karkasi käsistä, hän saattoi käyttää hyvin myrkyllistä kieltä. Erään tällaisen tapauksen jälkeen Amma pyysi, että hän alkaisi pitää päiväkirjaa. Joka ilta ennen nukkumaan menoa hänen piti käydä päivänsä läpi ja kirjoittaa muistiin kaikki ne tilanteet, joissa hän oli menettänyt malttinsa. Amma pyysi häntä kirjoittamaan muistiin myös jokaisen kerran, jolloin hän oli tehnyt jonkun onnelliseksi. Tällä tavoin Amman mukaan hän oli kuin liikemies, joka tarkasti joka ilta kirjastaan, kuinka paljon hän oli tänään ansainnut ja hävinnyt. Näin hän tulisi vähitellen tietoiseksi omasta toiminnastaan. Tämä tapahtui useita vuosia sitten. Ja totta tosiaan tänään ashramin asukas on paljon ystävällisempi ja pehmeämpi sanoissaan kuin mitä hän oli aiemmin – todellinen muutos tapahtui. Voimme kaikki ottaa käyttöön tämän päiväkirjatekniikan. Kun kirjoitamme joka ilta, voimme tehdä sen ikään kuin kirjoittaisimme suoraan Ammalle. Tämä auttaa samalla syventämään sidettämme Ammaan.

Kun teemme lupauksen, sen on hyvä olla selkeä. Keskity aloittaessasi yhteen tai kahteen kielteiseen ominaisuuteesi. Muuten työ voi tuntua ylivoimaiselta. On parempi antaa itselleen tarkat tavoitteet. Kun uskomme vahvistuu, voimme sen jälkeen laajentua henkisesti.

Jos haluamme kehittää itsessämme jotain erityisen arvokasta asiaa tai hyvää ominaisuutta, meidän tulisi pohdiskella hieman myös sen hyötyjä samoin kuin sen vastakkaisen ominaisuuden tuomia haittoja. Mitä selvemmäksi mielessämme tulee yhteys arvostamamme asian myönteisten vaikutusten välillä, sitä todennäköisemmin käyttäydymme sen mukaisesti. Vastaavasti, mitä selvempiä meille ovat kielteisten ominaisuuksien tuomat haitat, sitä valmiimpia olemme pidättäytymään niistä.

Muistan kerran erään naisen pyytäneen Ammalta apua, jotta hän pääsisi eroon kahvin himostaan. Amma kysyi häneltä välittömästi: ”Miksi haluat lopettaa kahvin juonnin?” Naisella ei ollut mitään selvää vastausta. Amma näytti tarkoittavan: ellet tiedä mitä haluat muuttaa, muutos ei tapahdu koskaan. On monia syitä, miksi kahvinjuonti tulisi lopettaa – se saa aikaan hermostuneisuutta, saamme päänsärkyä, kun emme saa kahvia, se aiheuttaa unettomuutta, terveysongelmia, ärtyneisyyttä jne. Jos haluamme voittaa ikävän taipumuksemme, meillä tulee olla selkeä käsitys miksi. Jos ajatus ei ole selkeä, ei myöskään toimintamme ole selkeää.

Henkisinä etsijöinä meidän tulisi käyttää aikaa miettien, kuinka halutun ominaisuuden kehittäminen vie meitä kohti Itseoivallusta. Ja päinvastoin, meidän tulee pohtia, miten kielteinen ominaisuus hämärtää päämääräämme. Meidän täytyy kehittää 'arvoa arvollemme'. Tämä voi tapahtua vain, jos käytämme aikaa pohtien kyseisen ominaisuuden tärkeyttä. Voimme tehdä tämän joko meditaation hiljaisuudessa tai mihin aikaan päivästä tahansa. Voimme tehdä sen jopa silloin, kun se kielteinen ominaisuus, jota yritämme poistaa, alkaa nousta pintaan. Kuitenkin, jos teemme sen vain silloin, voi olla, että huomaamme, että meillä ei ole riittävästi voimaa pidättyä siitä. Kuten kaikissa muissakin asioissa, siihen tarvitaan harjoitusta.

8. Luku

Mielen terävöittäminen

"Millaista meditaatiota sitten harjoitammekin, keskittymistä sydämeen tai kulmakarvojen väliin, päämäärä on sama: täydellinen keskittyminen."

—Amma

Useimmille ihmisille tulee henkisyydestä ensimmäiseksi mieleen juuri meditaatio. Valitettavasti meditaatio on kaikkein väärinymmärretyin henkisen elämän osa-alue. Mitä meditaatio sitten oikein on? Mikä on sen tarkoitus? Onko se väline vai päämäärä? Näennäisesti se vaikuttaa mystiseltä. Kaikeksi onneksi meillä on Amma, elävä mestari, joka voi antaa meille mittatilaustyönä neuvoja, jotka perustuvat hänen omaan kokemukseensa.

Periaatteessa on olemassa kahdenlaista meditaatiota: Jumalan muodon tai henkilöitymän meditointi ja *atman* (oman olemuksemme keskuksessa sijaitseva tietoisuus) meditointi. Näitä kutsutaan nimillä *saguna-* ja *nirguna-*meditaatio[1]. Amman Ma-Om-meditaatio, IAM-meditaatio (Integrated Amrita Meditation Technique®), sisäinen *mantra japa* ja *manasa puja* (visualisoitu palvontameno) ovat kaikki esimerkkejä *saguna-* meditaatiosta.

Saguna-meditaatiossa meditaation kohteella on käsitettävissä olevia ominaisuuksia. Tämänkaltaisessa meditaatiossa on selkeä ero meditoijan ja meditaation kohteen välillä, esim.

---

[1] Saguna tarkoittaa "ominaisuuksilla varustettua" ja nirguna "vailla ominaisuuksia olevaa."

Ma-Om-meditaatio (lyhyt, Amman ohjelmissaan vetämä meditaatio). Siinä tarkkailemme sisään- ja uloshengitystä, joihin on yhdistettynä *ma* ja *om* –tavut. IAM-meditaatiotekniikassa keskitymme tiettyihin kohtiin fyysisessä kehossa. Tehdessämme *japaa tai archanaa* keskitymme yhteen tai useampiin mantroihin. *Manasa-pujassa* taas yritetään visualisoiden suorittaa palvontarituaali itselle läheiselle jumalhahmolle.

Aivan kuten karmajoogassa tähdätään mielen puhdistamiseen pyrkimällä eroon mieltymyksistä ja vastenmielisyyksistä, niin myös *saguna*-meditaatiolla on oma tarkoituksensa. Sillä tähdätään lähinnä keskittymiskyvyn kehittämiseen. ”Mitä tahansa kehon kohtaa meditoimmekin, päämääränä on täydellinen keskittyminen”, sanoo Amma. Itse asiassa se on useimpien henkisten harjoitusten tarkoitus.

Raamatusta löytyy eräs aiheeseen liittyvä kertomus.[2] Kulkiessaan Galileassa Jeesus sattui tulemaan paikkaan, jossa erään miehen sanottiin olevan pahojen henkien riivaama. Hän eli hautojen keskellä riehuen ja raivoten ja sai kaikki lähialueen asukkaat pelon valtaan. Jonkin ajan kuluttua hän meni Jeesuksen luo ja Jeesus kysyi hänen nimeään. Mies vastasi hänelle: ”Kutsu minua Legioonaksi, sillä meitä on monia.” Se tarkoittaa Raamatun mukaan sitä, että häntä ei pitänyt vallassaan vain yksi vaan useat riivaajat. Siitä huolimatta Jeesus siunasi miehen ja legioonallinen pahoja henkiä lähti hänestä. Jotkut näkevät tässä manauksessa symbolisen merkityksen. Legioonallinen pahoja henkiä edustaa hajaantunutta mieltä. Sellainen mieli on täynnä vastakkaisia impulsseja ja ideoita. Sillä ei ole voimaa keskittyä tai edes rentoutua. Legioona on äärimmäinen esimerkki, mutta pohtiessamme syvällisemmin kyseistä asiaa, huomaamme että useimmat meistä ovat ainakin jossakin määrin ”riivaajien” vallassa. Jeesuksen tapaaminen merkitsee *mahatman* kohtaamista. Hänen opetuksensa

---

[2] Markus, 5: 1-20 ja Luukas 8: 26-39

auttavat meitä saavuttamaan mielen hallintaa, keskittyneisyyttä ja lopulta mielenrauhaa.

Jos haluaa onnistua millä tahansa elämänalueella, henkisellä tai maallisella, keskittymiskyky on oleellisen tärkeä. Taloustieteilijän on kyettävä keskittymään pörssikursseihin, baseballin tai kriketin pelaajan pitää kyetä keskittymään palloon ja tietokoneohjelmoijan koodeihin. Opetuslapsen puolestaan pitää kyetä päivittäisessä elämässään keskittymään gurunsa opetuksiin. Kaikkeen tarvitaan keskittymiskykyä.

Pyhissä kirjoituksissa toistetaan sitä, että me emme ole yhtä kuin mieli. Pikemminkin mieli on väline, jota käytämme toimiessamme meitä ympäröivässä maailmassa. Se on vähän kuin tietokone. Kuka tahansa tietokoneita tunteva tietää, että ne vaativat säännöllistä ylläpitoa. Kovalevyt on eheytettävä, tarpeettomat tiedostot poistettava ja ohjelmat päivitettävä, ehkäpä muistia lisättävä jne. Lisäksi viruksentorjuntaohjelmat on päivitettävä säännöllisesti. Aivan kuten nämä toimet pitävät tietokoneen kunnossa ja ehjänä, samoin säännöllinen meditaatio pitää henkisen tietokoneen onnellisena ja terveenä.

Meditaatiota voi verrata myös fyysisiin harjoituksiin. Me kaikki tiedämme, että jos haluamme pitää kehon kunnossa ja terveenä, on harrastettava säännöllistä liikuntaa. Kaikki tarvitsevat sitä. Henkisinä etsijöinä me olemme kuitenkin erilaisia. Emme ole kiinnostuneita pitämään yllä yksinomaan normaalia mielenterveyttä, vaan haluamme kehittää mielen, joka on kykenäinen oivaltamaan perimmäisen totuuden, joka vapauttaa meidät nauttimaan Itsen täydellistä autuutta.

Shrimad Bhagavatam -eepoksessa on eräs tuhansia vuosia sitten kirjoitettu luku. Siinä tietäjä Suka puhuu tulevasta aikakaudesta ja siitä miten materialistinen se tulee olemaan. Hän antaa pitkän listan ennustuksia. On hätkähdyttävää nähdä, miten monet niistä ovat jo käyneet toteen, varsinkin kun otetaan huomioon se, miten henkistä aikakautta elettiin kirjan kirjoittamisen aikaan. Yksi asia jonka Suka mainitsee meidän aikakaudestamme on:

snānam-eva prasādhanam |

"Pelkkä peseytyminen riittää."

Shrimad Bhagavatam, 12.2.5

Tämä tarkoittaa sitä, että nykyaikana vain harvat välittävät sisäisestä puhtaudesta, ulkoinen puhtaus on tärkeämpää. Kaikki pitävät kehon puhtautta tärkeämpänä kuin mielen puhtautta.

Amma sanoo, että mielen pitäisi olla kuin television kaukosäädin, jota voimme pitää kädessämme. Tällä hän tarkoittaa täydellistä mielen hallintaa, kykyä vastata mihin tahansa tilanteeseen sen vaatimalla tavalla. Jos haluamme ajatella jotakin, meidän pitäisi pystyä keskittymään siihen, kesti se sitten viisi minuuttia tai viisi tuntia. Meidän pitäisi halutessamme kyetä muistamaan mikä tahansa mennyt tapahtuma. Mikä vielä tärkeämpää, meidän pitäisi kyetä välittömästi sulkemaan mieli pelkällä napinpainalluksella ja rentoutumaan. Tämänkaltainen mielen jalostuminen on *saguna*-meditaation päämäärä. Tie on selvä: "Legioonalaisten" hulluudesta mielen kaukosäätimeen.

Saguna-meditaatio ei suoraan tuo Itseoivallusta. Itseoivallus on juuri sitä mitä se on: *oivallus*, pysyvä muutos tietoisuudessa. Se on vakaa tieto siitä, etten ole keho, tunteet tai äly vaan puhdas, autuas, ikuinen tietoisuus. Tätä Amma toistaa meille päivittäin. Hän aloittaa kaikki julkiset puheensa sanoin: "Amma kumartaa kaikkia teitä, joiden olemus on jumalallinen rakkaus ja Itse." Monet meistä ovat kuulleet ja lukeneet tämän kaltaisia sanoja omasta jumalallisuudestamme jo tuhansia kertoja. Silti olemme yhä samoja kärttyisiä, ärtyneitä, turhautuneita ihmisiä. Jos tämä tieto todella vapauttaa, niin miksi yhä kärsimme mielen tasolla?

Amma itse antaa siihen vastauksen: "Lapset, se mitä teiltä puuttuu ei ole tietoa vaan tietoisuus." Mitä Amma sitten tarkoittaa tietoisuudella? Hän tarkoittaa kykyä olla koskaan, edes kaikkein stressaavimmissa, toiminnantäyteisissä tai mahdollisesti jopa vaarallisissa tilanteissa, unohtamatta sitä mitä todella olemme.

naiva kiṁcit-karomīti yukto manyeta tattvavit |
paśyañ-śṛṇvan-spṛśaṇ-jighrannaśnan-gacchan-
svapañśvasan ||
pralapan-visṛjan-ghṛṇannunmiṣan-nimiṣannapi |
indriyāṇīndriyārtheṣu vartanta iti dhārayan ||

"Jopa nähdessään, kuullessaan, koskiessaan, haistaessaan, syödessään, kulkiessaan, nukkuessaan, hengittäessään, puhuessaan, ulostaessaan, pidellessään jotakin, avatessaan ja sulkiessaan silmänsä, viisas pysyy keskittyneenä omaan Itseensä, tietäen että "aistit liikkuvat kohteidensa keskuudessa, mutta Minä en tee mitään."

Bhagavad-Gita, 5.8-9

Amma sanoo, että meidän täytyy kehittää tällaista tietoisuutta. Useimmat meistä ymmärtävät Vedantaa älyllisellä tasolla, mutta kehon ollessa kipeä unohdamme totuuden siitä, että "minä en ole keho". Useimmat meistä voivat älyllisesti ymmärtää sen, ettemme ole yhtä kuin tunteet, mutta heti kun joku tekee meille väärin, unohdamme sen ja menetämme malttimme. Useimmat meistä voivat jopa ymmärtää sen, että todellinen keskuksemme on jotakin muuta kuin älylliset ajatukset, jotka tulevat ja menevät. Kuinka moni sitten kykenee pitämään yllä tietoisuutta siitä koko päivän ajan? Pohjimmiltaan ongelmana on oman tietoisuutemme puutteellisuus, kyvyttömyytemme pysyä keskittyneenä kyseiseen opetukseen elämän kulussa.

Voimme kehittää keskittymiskykyä erilaisilla mieltä harjoittavilla henkisillä harjoituksilla. Kun mieli on kunnolla kehittynyt, voimme sitten käyttää tätä voimaa päivittäisessä elämässämme pysyäksemme tietoisina todellisesta olemuksestamme. *Chandogya upanishadia* selittävässä teoksessaan *Aadi Shankaracarya* määrittelee saguna-meditaation siten, että se on "jatkuvaa samankaltaisten mielenliikkeiden (ajatusten) vakiinnuttamista suhteessa johonkin pyhien kirjoitusten esittämään objektiin minkään vieraan ajatuksen häiritsemättä." Seuraavaksi Shankara paljastaa, että Itseoivallus on myös vain mielen liikkeen jatkuvuutta, se on tieto siitä että oma, todellinen olemus on autuas, ikuinen tietoisuus. Hän sanoo että ainoa ero tämän mielenliikkeen ja muiden mielenliikkeiden välillä on se, että ajattelemalla jatkuvasti todellista luontoamme rajat meidän ja maailman, ympärillämme olevien ihmisten ja Jumalan väliltä häviävät. Näiden rajojen murtumista seuraa myös kaikkien niiden aiheuttamien ongelmien kuten vihan, masennuksen, yksinäisyyden, kateellisuuden ja turhautumisen tunteiden häviäminen.

Mundaka upanishadissa[3] on selitetty miten saguna-meditaatiolla mieli voidaan jalostaa ja sitten keskittyä sen avulla pyhien kirjoitusten opetuksiin. Tässä käytetään metaforaa jousesta, nuolesta ja maalitaulusta. Periaatteessa upanishad neuvoo teroittamaan nuolen eli mielen saguna-meditaatiolla ja sitten henkisen viisauden jousta – upanishadeja – käyttäen laukaista se kohteeseen, joka on katoamaton, kaiken läpäisevä, autuas tietoisuus.

Myös Gitassa selitetään saguna-meditaation tehtävä samaan tapaan:

tatraikāgraṁ manaḥ kṛtvā yata-cittendriya-kriyaḥ |
upaviśyāsane yuñjyād-yogam-ātma-viśuddhaye ||

[3] Mundaka upanishad, 2.1.4-5 3

"Paikallaan istuen, keskittäen mielensä ja ajatuksensa ja aistinsa halliten, hänen tulisi harjoittaa joogaa puhdistuakseen."
Bhagavad-Gìta, 6.12

Saguna-meditaatio on kuin "nuolen teroittamista". Kuten karmajooga, se puhdistaa mielen, henkisen koneiston. Vaikkakaan karmajooga ja saguna-meditaatio eivät itsessään tuo Itseoivallusta, olisi väärin sanoa, etteivät ne olisi tärkeitä. Ne ovat *välttämättömiä*. Ilman niitä emme koskaan voi päästä päämääräämme. *Pujan* (rituaalinen palvontameno) paras osa saattaa olla mielestämme *prasadin* nauttiminen (pyhitetty ruoka tai makeinen), mutta ellemme käy läpi sitä edeltäviä vaiheita, alkumenoja, rukouksia, rituaaleja ja *aratia* niin prasad ei silloin ole prasadia lainkaan vaan pelkkää ruokaa. Samaan tapaan, tiedon hedelmät tulevat vain ja ainoastaan sitten kun olemme käyneet läpi sitä edeltävät välttämättömät vaiheet. Amma vertaa usein näitä vaiheita astian (eli mielen) puhdistamiseen ennen kuin sinne laitetaan maitoa (viisautta, tietoa). "Maito pilaantuu, jos sitä kaadetaan likaiseen astiaan. Astia on puhdistettava ennen kuin sinne laitetaan maitoa. Niiden jotka haluavat edistyä henkisesti pitäisi ensin yrittää puhdistaa itsensä. Mielen puhdistamista on negatiivisten ja tarpeettomien ajatusten poistaminen ja itsekkyyden ja halujen vähentäminen."

Jotkut sanovat, etteivät he halua tehdä saguna-meditaatiota. He sanovat kehittävänsä keskittymiskykyään ajattelemalla todellista olemustaan. Shankara kuitenkin sanoo, että varsinkin henkisen tien alkutaipaleella on parempi kehittää keskittymiskykyä saguna-meditaatiolla. Näin siksi, että nimettömän ja muodottoman olemuksen meditoiminen on hyvin hienovaraista ja näin ollen paljon vaikeampaa. Jos mieli ei ole tarpeeksi puhdas, silloin yritykset mietiskellä muodotonta todellisuutta johtavat usein vain uneen tai tokkuraiseen tilaan. Saguna-meditaation eri muodot kuten Jumalan nimeen, hengitykseen, kehon eri osiin jne.

keskittyminen ovat verrattain helppoja. Niinpä voimme käyttää näitä meditaation muotoja siihen saakka, kunnes olemme saavuttaneet täydellisen keskittymisen. Silloin kun henkilö on valmis, *nirguna* - meditaation (muodottoman Itsen meditointi) pitäisi tapahtua *taukoamatta*, jopa silloin, kun kävellään, puhutaan, syödään, istutaan jne. Tässä valossa on siis erittäin huomionarvoista, että Amma ei ainoastaan neuvo käyttämään jonkin verran aikaa muodolliseen japaan (silmät suljettuina istuen), vaan myös tekemään sitä joka hengenvedolla. Tämä on mielen valmistamista jatkuvaa nirguna-meditaatiota varten, mistä sitten muodostuu lopullinen henkinen harjoitus.

Shankara sanoo myös, että kun mieli puhdistuu saguna-meditaatiossa, se pystyy antamaan "välähdyksen Itsen todellisuudesta". Sellaiset näkymät inspiroivat ja auttavat jatkamaan henkisten harjoitusten tekemistä yhä intensiivisemmin ja innokkaammin.

Jooga Sutrat

Kenties vaikutusvaltaisin Saguna-meditaation tuntija oli tietäjä nimeltä Patanjali. Juuri Patanjali kirjoitti teoksen nimeltä *Jooga Sutrat*, jossa hän määritteli askel askeleelta miten meditoida menestyksekkäästi. Näistä sutrista (aforismeista) on peräisin usein kuultu termi *ashtanga-jooga* (joogan kahdeksan askelta). Patanjalin mukaan meditaatiota pitäisi lähestyä kahdeksan askeleen kautta, jotka ovat: *yama, niyama, asana, pranayama, pratyahara, dharana, dhyana* ja vihdoin *samadhi.* Nämä voidaan kääntää samassa järjestyksessä: asiat, joita pitäisi tehdä ja ne mitä pitäisi välttää, asento, hengitysharjoitukset, aistien hallinta, mielen keskittäminen, jatkuva keskittymisen tila ja sulautumisen tila.

Yama

Jotta voisimme onnistuneesti harjoittaa meditaatiota, meidän pitäisi Patanjalin mukaan aluksi varmistaa, että noudatamme viittä *yamaa* ja *niyamaa,* jotka ovat tiettyjä henkisen elämän sääntöjä, ns. eettisiä ohjenuoria. Yamat liittyvät tietyistä teoista pidättymiseen. Ne ovat: *ahimsa, satya, asteya, brahmacharya,* ja *aparigraha.*

Ahimsa tarkoittaa väkivallattomuutta. Jotta voisimme onnistua meditaatiossa, olisi vältettävä väkivaltaa. Tämä on yksi koko ihmiskuntaa koskevista tärkeimmistä säännöistä. Joitakin poikkeuksia lukuun ottamatta meidän pitäisi aina välttää kenenkään satuttamista. Se ei ole tärkeää pelkästään koko yhteiskunnan harmonisen kehityksen vaan myös yksilön oman sisäisen kasvun kannalta. Pyhimysten julistama perimmäinen totuus on se, että pohjimmiltamme olemme kaikki yhtä. Jos haluamme oivaltaa tämän totuuden, meidän on alettava kohdella toisia oman Itsemme ilmentyminä. Voisiko kukaan selkeässä mielentilassa oleva edes vahingossakaan vahingoittaa itseään? Ja jos se ei ole tarpeeksi hyvä syy väkivallan välttämiseen, niin aina on olemassa se tosiasia, että karman lain mukaan väkivaltaiset tekomme palaavat meille takaisin.

Väkivallattomaan elämäntapaan kuuluu kolme eri tasoa; fyysinen, psyykkinen ja verbaalinen väkivalta. Fyysistä väkivaltaa on esimerkiksi se, että joku kiilaa eteesi liikenneruuhkassa ja yrität sen seurauksena pakottaa hänet ajamaan pois tieltä. Useimmat meistä ehkä kykenevät pidättymään tällaisesta toiminnasta. (Kuinka moni sen sijaan lyö auton rattiin nyrkillään tai antaa ”rakastavia” käsimerkkejä?) Verbaalista väkivaltaa olisi muutamien valittujen sanojen huutaminen auton ikkunasta. Mentaalinen väkivalta on kaikkein hienovaraisinta väkivaltaa ja siksi siitä onkin kaikkein vaikeinta päästä eroon. Sitä on mikä tahansa pahantahtoinen ajatus, joko fyysisen tai verbaalisen väkivallan kuvittelu mielessään. Hyväksymme itsessämme yleensä *himsan* (väkivalta) mielen tasolla, koska ajattelemme, ettei sillä ole seurauksia. Kuitenkin, jos jätämme sen huomioimatta, ilmenee se ennen pitkää verbaalisella tai fyysisellä tasolla. Kuten Amma sanoi YK:n yleiskokouksessa vuonna 2000: "Maailman kaikkien ydinaseiden sijoittaminen museoihin ei yksin riittäisi saamaan aikaiseksi maailmanrauhaa. On eliminoitava mielen ydinaseet."

Toinen *yama* on satyam, totuudellisuus tai valehtelun välttäminen. On itsestään selvää, että pitäisi puhua vain ja ainoastaan sitä, mikä on totta. Kuitenkin, ennen kuin puhumme totuuden julki, meidän tulisi ottaa huomioon ketä saatamme sillä auttaa ja ketä loukata. Jos se hyödyttää useampia kuin vahingoittaa, silloin voimme puhua. Jos se taas loukkaa useampia, on parempi olla hiljaa. Amman sanoin: "Vaikka joku olisikin apinan näköinen, ei hänelle tarvitse mennä sanomaan sitä". Ei kannata sanoa mitään sellaista, mikä ei hyödytä ketään – silloin on paras olla hiljaa. Ei ole mitään syytä tuottaa maailmaan lisää äänisaastetta. Totuus kuuluu ihmisluontoon. Valehdellessamme toimimme oman todellisen luontomme vastaisesti. Se on kuin toisimme ulkoapäin epäpuhtauksia itseemme.

Kolmas *yama* on *asteya* – varastamatta oleminen. On olemassa kaunis sanonta, jonka mukaan varastaminen on ainoa synti. Tappaminen on toisen elämän varastamista. Valehtelemalla varastaa toisen oikeuden totuuteen. Petkuttamalla varastaa jonkun oikeuden rehellisyyteen. Varastamista on kaikki sellainen toiminta, jolla hankimme jotakin, mitä tahansa, vääryydellä tai laittomasti. Varastaminen on kaikkialla tabu. Jopa varas tietää, että se on väärin, muutenhan hän ei välittäisi siitä, jos joku hänen kollegansa varastaa häneltä.

Seuraava *yama* on *brahmacharia*. Brahamacharialla tarkoitetaan yleensä selibaattia, mutta kaikilta ei tietenkään vaadita täydellistä selibaattia. Tässä brahmacharia voitaisiin määritellä miksi tahansa omaan yhteiskunnalliseen asemaamme sopimattomaksi seksuaaliseksi käyttäytymiseksi. Tämä vaihtelee kulttuurista toiseen. Tietenkin *brahmacharien* (munkkikokelaat) ja *sanjaasien* (vihityt munkit) kuuluu pidättyä seksistä kokonaan. Siinä ei ole mitään väärää, jos aviopari osoittaa tunteitaan toisiaan kohtaan, mutta sen pitäisi kohdistua vain heidän puolisoonsa. Oikeastaan Amma sanookin, että avioon pitäisi mennä vain päästäkseen eroon seksuaalisesta halusta, ei rypeäkseen siinä.

Yamoista viimeinen on *aparigraha* toisin sanoen hamstrauksen välttäminen. On ihan hyvä omistaa jotakin, mutta ei yli tiettyjen rajojen. Yleisesti ottaen Amma neuvoo meitä yrittämään tulla toimeen minimillä, erityisesti mitä tulee ylellisyyksiin. Amma pyytää toistuvasti, että naiset yrittäisivät vähentää vuosittain hankkimiensa vaatteiden määrää ja että miehet luopuisivat tupakasta ja alkoholista. Hän ehdottaa, että näin säästyneet rahat voitaisiin lahjoittaa hyväntekeväisyyteen.

Nämä viisi *yamaa* ovat yleismaailmallisia eettisiä ja moraalisia perusarvoja ja kaikkien, ei pelkästään meditoijien, tulisi noudattaa niitä. Ne ovat kuitenkin erityisen tärkeitä meditaation onnistumisen kannalta. Minkä tahansa neljän ensimmäisen yaman; väkivallattomuuden, totuudellisuuden, varastamatta olemisen tai uskollisuuden periaatteen rikkominen jättää mieleen syvän muistijäljen, joka tulee myöhemmin pintaan yrittäessämme meditoida. Siitä tulee este täydellisen keskittymiskyvyn saavuttamiselle. Se voi olla joko omantunnon pistos tai yksinkertaisesti vain muistikuvan tuleminen uudelleen pintaan. Viimeinen yama, aparigraha häiritsee mieltä siksi, että hamstratessamme päästämme halumme valloilleen. Yrittäessämme meditoida tämä ilmenee joko pelkona sen menetyksestä, mitä olemme jo keränneet tai haluna hamstrata lisää.

Niyama

Seuraavaksi meillä on viisi *niyamaa.* Ensimmäinen niistä on *saucham*, puhtaus. Kirjoituksissa sanotaan, että keho, vaatteet ja ympäristö pitäisi pitää puhtaina. Likaisuus ei ole vain epäterveellistä vaan lisäksi se häiritsee mieltä. Huomaamme, että epäsiistissä työtilassa ajatukset harhailevat helpommin. Mitä siistimpi se taas on, sitä helpommin mieli keskittyy. Useimpien ihmisten on vaikea saada mieltään järjestykseen, jos ympäristöä ei ole ensin siistitty. Ennen meditoimista pitäisi katsoa, että ympäristö on siisti.

Toinen niyama on *santosham* – tyytyväisyys tai onnellisuus. Amma sanoo, että tyytyväisyys on mielen tila. Emme voi aina muokata ulkoista maailmaa omien mieltymystemme ja vastenmielisyyksiemme mukaiseksi, mutta meidän pitäisi voida hallita sisäinen maailmamme. Jos mielii onnistua meditaatiossa, on välttämätöntä, että päättää pysyä onnellisena kaikissa elämän tilanteissa. Se ei tietenkään tarkoita sitä, ettei meidän pitäisi pyrkiä menestymään tai muuttamaan olosuhteita. Meidän pitää pyrkiä menestymään ammateissamme tai toimissamme, mutta meidän ei pitäisi kytkeä niissä menestymistä tai epäonnistumista mielenrauhaan. Vaikka se olisi vaikeaa, pysy tyytyväisenä sekä menestyksessä että tappiossa. Santosham käy käsi kädessä yama aparigrahan kanssa siinä mielessä, että jos opettelemme tyytymään kaikkein vähimpään ylellisyyksien suhteen, kykenemme silloin käyttämään loput voimavaramme yhteiskunnan hyväksi. Tyytyväisen mielentilan kehittäminen on tärkeää siksi, että jos analysoimme ihmismieltä, näemme ettei kukaan voi tulla onnelliseksi omistamalla. Vaikka saisi kuinka paljon, tahtoo aina vain lisää. Heti kun saamme töissä ylennyksen, alamme ajatella seuraavaa. Kansanedustaja haluaa ministeriksi, ministeri presidentiksi ja presidentti maailman hallitsijaksi. Sitten kun ymmärrämme kyseisen totuuden, alamme pyrkiä kehittämään sellaista onnellisuuden tilaa, joka ei perustu rahaan tai esineisiin.

Mieli, joka ei ole edes jokseenkin tyytyväinen, ei kykene keskittymään meditaatioon.

Kolmas on *tapas* – itsekuriharjoitukset tai kilvoittelu. Näillä harjoituksilla kykenemme pitämään mielen ja aistit hallinnassamme. Jos emme aseta itsellemme mitään rajoja, olemme kuin lapsi karkkikaupassa. Siitä seuraa vain sotkua ja sairas lapsi. Myöskään henkilö, joka ei kykene hallitsemaan itseään päätyy vain tuottamaan vahinkoa itselleen ja yhteiskunnalle. On olemassa mukava intialainen sanonta: "Jos vuohien antaa käyskennellä vapaasti, ne tekevät pihasta sotkuisen, mutta jos ne sidotaan kiinni ne siivoavat pihan." Vain kurinalaisuudella voimme saavuttaa todellista mielen voimaa. Se on kaikkien henkisessä ja uskonnollisessa elämässä tehtyjen valojen tarkoitus. Amma suosittelee paastoamista ja hiljaisuudessa olemista yhtenä päivänä viikossa. Nähdessämme, että voimme pärjätä ilman jotakin asiaa, sillä ei ole enää voimaa hallita meitä. Meditaatiossa haluamme keskittyä sataprosenttisesti tiettyyn kohteeseen mielessämme. Jos emme kykene hillitsemään halujamme ja hallitsemaan edes jonkin verran mieltämme ja aistejamme, meditaatiossa keskittyminen ei tule onnistumaan.

Neljäs niyama on *swadhyaya.* Kirjaimellisesti swadhayaya tarkoittaa itsetutkiskelua. Pyhien kirjoitusten ja gurun opetusten opiskelu ei ole ulkoista toimintaa. Guru ja kirjoitukset ovat kuin peili, jonka avulla katsomme sisällemme ja näemme, kuka todella olemme. Amma sanoo, että vakavissaan olevan henkisen etsijän pitäisi opiskella päivittäin jonkin verran pyhiä kirjoituksia ja gurun opetuksia. Oikeastaan se on ensimmäinen opetus Aadi shankaracaryan *Sadhana Pancakam*issa: vedo nitya adhiyatam – "Opiskele kirjoituksia päivittäin." Ainostaan niitä opiskelemalla opimme tuntemaan elämän perimmäisen päämäärän ja sen, miten siihen päästään. Lisäksi emme voi meditoida tai ymmärtää meditaation merkitystä henkisellä tiellä, ellemme ensin opi kyseisiä asioita oikeasta lähteestä, olipa se Amma tai perinteiset tekstit.

Viimeinen harjoitus on *isvara pranidhanam* – Jumalalle antautuminen. Se tarkoittaa kaikkien toimien tekemistä eräänlaisena jumalanpalveluksena. Periaatteessa tämä tarkoittaa karmajoogaa, sillä karmajoogassa luovutamme kaikki tekomme Jumalalle ja hyväksymme kaikki niiden tulokset *prasadina*. Kuten luvussa viisi mainittiin, soveltamalla karmajoogaa, pääsemme eroon mieltymyksistä ja vastenmielisyyksistä. Jos emme hallitse niitä, mieli ei tule koskaan olemaan tarpeeksi rauhallinen, jotta voisimme meditoida keskittyneesti.

Asana

Seuraava askel Patanjalin järjestelmässä on *asana*. Asana tarkoittaa "asentoa" tai "istuma-alustaa". Ennen meditaatiota tulisi tarkistaa, että voi istua vakaasti kunnollisessa asennossa. Aivan kuten Krishna neuvoo Arjunaa Gitan kuudennessa luvussa, Amma neuvoo aina meitä istumaan suorassa ja liikkumatta, selkäranka, niska ja pää samassa linjassa. Hän myös suosittelee, että leuka olisi hiukan ylhäällä. Voimme pitää käsiämme joko ristissä sylissä tai reisillä kämmenet ylöspäin. Tämä istuma-asento ottaa rintakehän painon pois keuhkoilta, jolloin hengitys on kevyttä ja helppoa koko meditaation ajan. Käsien asento ja suora selkäranka helpottavat myös *pranan* (energia) kulkua, mikä puolestaan edesauttaa meditaatiota. Voi myös istua missä tahansa mukavassa asennossa, jalat ristiasennossa tai puolittaisessa lootusasennossa tai jos mahdollista, *padmasanassa* (täysi lootusasento). Jännitystä ei pitäisi olla, joten älä pakota itseäsi mihinkään sellaiseen asentoon, josta on vaikea päästä pois. Ei ole mitään hyötyä istua sellaisessa asennossa, joka vain aiheuttaa epämukavuutta meditoitaessa. Tuolissakin voi istua, jos se on tarpeen, mutta pitäisi välttää nojaamasta selkänojaan, sillä silloin saattaa nukahtaa helposti. Gitassa Krishna sanoo, että istuma-alustan tai maton ei pitäisi olla liian pehmeä tai liian kova. Ei myöskään suositella istumista paljaalla lattialla tai maalla ilman minkäänlaista alustaa. Meditaation mestarit sanovat, että aivan kuten sähkövirta menettää maadoitettuna voimaa, myös kehon energia heikkenee tullessaan suoraan kosketukseen paljaan maan kanssa.

*Asana*lla voidaan tarkoittaa myös *hathajoogan* asanoita, mikä yleensä tulee mieleen sanasta "jooga". Säännöllinen hathajoogan harjoittaminen on erinomainen tapa pitää yllä terveyttä ja elinvoimaisuutta. Pitäisi kuitenkin varmistaa, että opimme oikealta hathajoogan mestarilta, sillä venytykset vaikuttavat hyvin hienovaraisella tasolla ja väärin tehtyinä niillä voi olla haitallisia vaikutuksia. On myös pidettävä mielessä, että hathajooga Patanjalin *astanga*-joogan yhteydessä ei ole lopullinen päämäärä. Ennen kaikkea sitä harjoitetaan *valmistautumisena* istumameditaatioon. Sen tarkoitus on notkistaa kehoa ja stimuloida pranan kulkua, jolloin mieli voi alkaa kääntyä sisäänpäin ja on mahdollista istua meditaatiossa haluttu aika. Tämä on kaikkien Amman IAM-meditaatiotekniikassa annettujen asanoiden tarkoitus.

Pranayama

Seuraava askel asanan jälkeen on *pranayma*, mikä tarkoittaa hengitysharjoituksia. Kuten hatha-joogalla, pranayamalla on hyvin hienovarainen vaikutus ja sen harjoittaminen ilman kokeneen mestarin ohjausta voi olla haitallista. Tänä päivänä monet ihmiset ja instituutiot opettavat hyvin voimakkaita pranayamatekniikoita kenelle tahansa, joka on halukas siitä maksamaan. Amman mielestä tämä on erittäin vaarallista ja hän varoittaa usein ihmisiä kyseisestä ongelmasta. Melkein kuka tahansa voi harjoittaa yksinkertaista *pranayamaa*[4] mutta perinteisesti syvällinen, voimakas ja pitkitetty pranayama-harjoitus annetaan

[4] Niiden, joilla on sydänvaivoja, astmaa, korkea verenpaine tai ovat raskaana pitäisi keskustella asiasta lääkärin kanssa.

henkilökohtaisesti henkilön fyysisen kunnon, elinvoimaisuuden ja kurinalaisuuden perusteella. Amma varoittaa erityisesti välttämään hengityksen pidättämistä joko sisään- tai uloshengityksen jälkeen. Amma sanoo: "Entisaikoina, kun guru valmistautui vihkimään jonkun pranayaman harjoittamiseen, hän pyysi henkilöä tuomaan hänelle palan kookoskuitua tai ehkäpä ruohonkorren tai langanpätkän. Guru piteli sitä sitten oppilaan nenän alla ja tarkkaili sen perusteella hänen hengitystään, sen voimakkuutta ja kestoa sekä ilmavirran pituutta ja laatua kussakin sieraimessa. Vasta sen jälkeen hän määräsi tietyn harjoituksen, sen keston ja toistojen määrän."

Näemme, että Amma ei meditaatiotekniikoissaan neuvo pitkää ja voimallista pranayamaa. Lyhyen ja voimakkaan IAM-meditaation alussa tehtävän pranayaman lisäksi Amma enimmäkseen neuvoo harjoittamaan *prana viksanaa*, normaalia, tietoista hengityksen tarkkailua. Se onkin oikeastaan Ma-Om-meditaatiotekniikan ydinosa. Hengityksen pitäisi olla tasaista ja sujuvaa. Ma-Om-meditaatiossa sisään hengitettäessä toistetaan mielessä *bijaksara*-mantraa *ma* (äännetään "maa" joka on ns. mantran "siemen") ja uloshengityksellä tavua *om*. Tämän tyyppistä pranayamaa kutsutaan nimellä *sagarbha*-pranayama, mikä kirjaimellisesti tarkoittaa mantrasta "raskaana" olevaa pranayamaa. Jos otetaan huomioon, miten Amman opettamat meditaatiotekniikat tulivat hänelle intuitiivisesti, on hämmästyttävää todeta, miten täydellisesti ne vastaavat perinteisissä kirjoituksissa mainittuja harjoituksia. Nämä seikat todellakin todistavat sitä, että satguru on pyhien kirjoitusten elävä muoto.

Patanjalin järjestelmässä pranayama kuten asanakaan ei ole mikään päätepiste, vaan askel kohti mielen hiljattaista sisäänpäin kääntämistä. Hathajoogassa mieli keskitetään ulkoiseen kehoon. Pranayamassa keskittymisen kohde on vieläkin hienovaraisempi, kehon *sisässä* oleva elämän voima. Tästä näemme, miten Patanjali vie meitä järjestelmällisesti askel askeleelta syvemmälle sisäänpäin lisäämällä harjoitusten hienojakoisuutta ja ennen pitkää niiden tehoa.

Pratyahara

Seuraava askel on *pratyahara,* irrottautuminen aistien otteesta. Tämän voi ymmärtää jo pelkällä käytännön järjellä. Ei ole mahdollista keskittyä mielessään, jos aistielimet – silmät, korvat, nenä, kieli ja iho – ovat jatkuvasti aktiivisessa kontaktissa ulkomaailman kanssa. Silmät voimme sulkea ja todennäköisesti voimme myös olla syömättä harjoituksemme ajan. Meditoiminen on kuitenkin vaikeaa, jos tunto, haju tai kuuloaisti aiheuttavat häiriöitä. Sen vuoksi kirjoituksissa neuvotaan meditoimaan mahdollisuuksien mukaan yksinäisyydessä tai aikaisin aamulla, kun muu maailma vielä nukkuu. Meditaatiopaikan tulisi olla puhdas. Likaiset paikat yleensä haisevat pahalta ja ehkäpä jopa vetävät puoleensa hyttysiä, meditoijan sitkeitä vihollisia. Tähän tapaan saamme taltutettua aistielinten ulospäin suuntautuvan luonteen, jolloin mieli voi keskittyä meditaation kohteeseen.

Silti Amma sanoo, että meidän on kehitettävä kykyä meditoida kaikenlaisissa ympäristöissä. Silloin kun tulin ashramiin, kylän asukkaat tapasivat jättää kasoittain kookospähkinän kuoria takavesiin. Suolainen vesi auttaa niitä hajoamaan, jolloin kuidut on helpompi irrottaa ja sitten punoa köysiksi. Voin kertoa, ettei ole paljon mitään pahemman hajuista kuin kasa mätäneviä kookospähkinän kuoria! Ja se ääni, joka lähti naisten hakatessa kuoria, oli yksi hyökkäys lisää aisteja vastaan. Silti Amma piti meitä meditoimassa lähistöllä pari tuntia kerrallaan. Amman mukaan meditaatiota ei pitäisi siirtää hiljaisuuden tai "sopivan ympäristön" puutteessa. Meditaatioajan ollessa käsillä olisi kyettävä kääntämään mieli sisäänpäin ja keskittymään riippumatta siitä, missä olemme. Pyytämällä meitä meditoimaan mätänevien kuorien lähellä Amma auttoi meitä tuon kyvyn kehittämisessä.

Dharana

Seuraava askel on *dharana*, mielen keskittäminen. Tässä perusajatuksena on johdattaa levoton ja hajaantunut mieli yhdelle tietylle alueelle. Se saattaa olla mielikuva jumalasta, jumalattaresta tai gurusta. Se voi olla joko hengitys tai mantra tai fyysisiä kohtia kehossa. Vedoissa luetellaan satoja sellaisia kohteita meditaatiolle[5]. Se voi olla mikä tahansa objekti, mutta meidän pitäisi mielessämme kytkeä se jumalalliseen. Siksi Ma-Om-meditaatiossa Amma käyttää aina aikaa selittääkseen, että äänne *om* symboloi jumalallista valoa (eli tietoisuutta) ja *ma* jumalallista rakkautta. Ei niin, että sen jälkeen ajattelisimme tietoisuutta tai jumalallista rakkautta, vaan keskitämme yksinkertaisesti mielemme hengitykseen ja sen mukana ma ja om -äänteisiin. Olemme tehneet *sankalpa*n (päätöksen) siitä, mitä ne edustavat.

Dhyana

Dharana on yksinkertaisesti yksi, tietty ajatus. Sitä seuraava vaihe, *dhyana* (äännetään dhjaana) on sama ajatus keskeytymättömänä. Shankaran sanoin: ”Jatkuva samankaltaisten mielenliikkeiden (ajatusten) vakiinnuttaminen suhteessa johonkin pyhien kirjoitusten esittämään objektiin minkään vieraan tekijän häiritsemättä.” Dhyana-vaiheessa mieli pysyy yhdessä ajatuksessa, mutta sen eteen pitää ponnistella.

Olen varma siitä, että meillä kaikilla on ollut seuraavan kaltaisia kokemuksia: Istut meditoimassa ja yrität mielessäsi keskittyä esimerkiksi *Devin,* Jumalallisen Äidin hahmoon. Keskityt hänen

[5] Lähinnä Aranyaka-osissa.

kruunuunsa, hiuksiinsa, *sariinsa* jne. Nähdessässäsi hänen sarinsa mielessäsi, alat ajatella: Voi, Devin sari on niin kaunis; kauniin, syvän sininen kuin meri ... Sitten salakavala mieli tulee väliin: *Muistan kun viime kesänä olin risteilyllä Venezuelassa* ... Sitten alat ajatella ravintolaa, jossa söit ... sitten siellä tapaamiasi mielenkiintoisia ihmisiä ... *Sillä tyypillä siellä ravintolassa oli todella hieno kello ... minun pitääkin hankkia uusi kello. Ehkä pitäisi mennä ostoksille huomenna. Viime kerralla kun menin ostoskeskukseen, minulla oli riitaa siskoni Devikan kanssa...* Oho! Yllättäen muistatkin, että sinun olikin tarkoitus meditoida Devin muotoa.

Sellainen mieli on: ajatusten virtaa. Yleensä mielen virta on täysin hallitsematon, pelkkää mielleyhtymiin ja vasanoihin (mielen taipumukset) perustuvaa ajatusten kulkua. Harjoituksilla voi kehittää kykyään kanavoida virta yhteen kohteeseen. Se on kuin junan raiteet, ne varmistavat sen että pysyy suunnassa ja pääsee päämääräänsä. Tiedostuskyvyn kasvaessa, kasvaa myös kyky palauttaa harhaileva mieli takaisin kurssiinsa. Kun pystyy yhtäjaksoisesti keskittymään valitsemalleen mielen alueelle, sitä kutsutaan dhyanaksi.

Samadhi

Saguna-meditaation huippu on *samadhi*; täydellinen, vaivaton syventyminen valittuun ajatukseen. Siinä mieli virtaa keskeytymättä, perinteisen mielikuvan sanoin, kuin lasikuvun sisällä olevan öljylampun lepattamatta palava liekki. Ennen tätä tasoa meditaatiossa on aina ollut kaksi: meditaatio ja meditaation kohde. Samadhissa meditoija unohtaa itsensä täysin ja meditaation kohteesta tulee hänen ainut todellisuutensa. Tähän huipentuu saguna-meditaatio. Hetkittäin jopa päivittäisessä elämässämme, televisiota tai elokuvaa katsellessamme uppoudumme siihen niin täysin, että unohdamme itsemme. Ennen kuin tajuammekaan on kaksi tuntia kulunut huomaamattamme. On itsestään selvää, että ero tv:n katselun ja meditaation välillä on se, että edellisessä mielen luonnostaan alemmat taipumukset ja aistit ohjautuvat ulospäin, kun taas meditaatiossa harjoittelemme niiden suuntaamista sisäänpäin. Tietenkin olemme kaikki kokeneet hetkiä, jolloin olemme uppoutuneet johonkin ajatukseen, ehkäpä älylliseen ideaan tai päiväuneen, mutta niin kauan kuin keskittyneisyyden tila tulee tahtomatta, se ei voi tuoda mukanaan saguna- meditaatiossa haettavaa mielen puhtautta.

On tärkeää pistää merkille, että samadhia meditaatiossa ei pidä sekoittaa Itseoivallukseen. Itseoivallus on pysyvä muutos tietoisuudessa, jolloin henkilö näkee oman todellisen luontonsa, ympäröivän maailman olemuksen ja Jumalan kaikkialla läsnä olevana, autuaallisena, ikuisena tietoisuutena. Sitä kutsutaan advaitistiseksi, ei- kaksinaiseksi kokemukseksi, sillä silloin koemme kerralla ja pysyvästi, että ainut olemassa oleva asia, sisä- tai ulkopuolinen, on tietoisuus. Tämä ymmärrys on pysyvä ja se säilyy, ei vain silloin kun istumme silmät kiinni meditaatiossa vaan myös kun syömme, nukumme, kävelemme tai puhumme. Patanjalin samadhissa autuuden kokemus on seurausta mielen keskittyneisyydestä. Keskittyneenä yhteen pisteeseen mieli on niin tyyni, että Itsen autuus loistaa mieltä tavallisesti peittävän harson läpi. Silloin saamme Shankaran sanoin ”välähdyksen Itsen todellisuudesta.” Kuitenkin meditaation loputtua, kun silmät avataan, kaksinaisuuden maailma palaa, häivähdys todellisuudesta katoaa ja olemme jälleen samoja henkilöitä kaikkine negatiivisuuksinemme. Siksi sanotaan, että pysyvä autuus voi olla peräisin vain tiedosta. Se harhakäsitys, että samadhi meditaatiossa olisi yhtä kuin Itseoivallus, johtuu siitä, että Itseoivallusta kutsutaan joskus ”samadhiksi”. Teknisesti kuitenkin Itseoivallusta kutsutaan nimellä *sahaja samadhi* eli luonnollinen samadhi, joka seuraa sen ymmärtämisestä, että kaikki on yhtä.

Itse asiassa se on melko kaunis ja kiehtova käsite. Meditaatio-samadhissa mieli rajoitetaan yhteen ajatukseen ja siitä on seurauksena autuuden kokemus. *Sahaja samadhissa* ymmärrämme, että kaikki mitä näemme ja ajattelemme on yhtä ja että koemme autuutta sen seurauksena. Edellisessä moninaisuus supistetaan kurinalaisesti yhteen ajatukseen, jälkimmäisessä se tapahtuu ymmärryksen valjetessa. Meditaatio-samadhi on ohimenevää, se päättyy meditaation loputtua. Ymmärrykseen perustuva samadhi puolestaan, kun se on kerran saavutettu, ei koskaan lopu.

Amma sanoo usein, että useimmat ihmiset kokevat todellista keskittyneisyyttä vain minuutin, parin ajan tunnin meditaatiossa. Hän sanoo, että todellista meditaatiota ei ole vain silmät suljettuina istuminen, vaan "keskeytymätön keskittyneisyyden tila, kuin jatkuva virta", toisin sanoen Patanjalin samadhi. Mutta tämäkin on silti ihan hyvä. Keskittymiskyky kasvaa ajan ja harjoituksen myötä. Usein Amma selittää tätä vertauksella: "Ajatellaan, että keität vettä tehdäksesi teetä. Jos joku kysyy mitä teet, sanoisit, että olet keittämässä teetä. Itse asiassa vesi on vain lämpenemässä, se on vasta alkua. Et ole vielä lisännyt siihen teenlehtiä, maitoa tai sokeria. Silti sanot, että olet tekemässä teetä. Samaan tapaan voidaan sanoa, että meditoimme, mutta se on vasta alkua. Emme ole vielä päässeet todellisen meditaation tasolle."

Muita henkisiä harjoituksia

Keskittymiskyvyn parantaminen on useimpien henkisten harjoitusten päämäärä. Meditaatio on yksinomaan mielen toimintaa; meditaation kohteeseen keskittyminen täytyy saavuttaa mielen avulla. On muita harjoituksia, joissa käytetään apuna eri aisteja.

Esimerkiksi, Amma suosittelee lämpimästi päivittäista *Lalita Sahasranaman* eli Jumalallisen Äidin tuhannen nimen lausumista. Tässä harjoituksessa ei *ainoastaan* ajatella mantroja vaan niitä lausutaan ääneen, jolloin käytetään kieltä teon elimenä (*karmendriya)* ja korvaa tiedon elimenä (*jnanendriya*). Voimme myös lukea mantrat, jolloin käytämme apunamme myös silmiä. Jotkut tekevät fyysisiä eleitä, kuin uhraisivat kukan terälehtiä jokaisen lausumansa mantran yhteydessä, jolloin he ottavat avuksi toiminnan elimenä myös kädet. Mitä useampia aistielimiä käytetään, sitä helpompi on saavuttaa voimakas keskittyminen. *Bhajaneiden* laulaminen toimii samalla periaatteella. Siksi monet ihmiset, joiden on vaikea keskittyä meditaatiossa, mieluummin lausuvat mantroja tai laulavat *bhajaneita*. Yleinen sääntö on: mitä useampia aisteja käytetään, sitä helpompi on keskittyä. Päinvastoin taas, mitä harvempia aisteja käytetään, sitä voimakkaampi harjoitus on. Jotta ymmärtäisimme tämän, voimme kuvitella jonkun tekemässä fyysisiä harjoituksia. Mitä useampia yksittäisiä lihaksia hän käyttää painojen nostoon, sitä helpompaa niitä on nostaa. Mitä harvempia lihaksia hän taasen käyttää, sitä enemmän voimaa hänen käyttämänsä lihakset kehittävät. Henkisillä harjoituksilla emme oikeastaan ole kiinnostuneita kehittämään kuulo- näkö- tai muita aisteja. Haluamme voimistaa mieltä. Joten mitä harvempia aisteja käytämme, sitä enemmän harjoitusta mieli saa. Siksi *Ramana Maharishi* kirjoitti *Upadesha Saramissa*:

uttama stavāducca mandataḥ |
cittajaṁ japa-dhyānam-uttamam ||

"Äänekäs lausuminen on parempaa kuin veisaus. Parempi silti on hiljainen mutina. Mutta parasta on mielessä toisto; se on meditaatiota."

Upadesha Saram 6

Tämä on Amman ohje hänen antaessaan mantra-*dikshan* (vihkimys, initiaatio). Hän sanoo: "Toista mantraa aluksi siten, että voit kuulla sen. Sitten kun pystyt tekemään sen keskittyneesti, toista sitä ainoastaan liikuttamalla huuliasi kuin kala. Kun olet siinä vakaa, tee tavaksi toistaa sitä vain mielessäsi."

Voimme ottaa ohjeen kahdella tavalla. "Aluksi" voi tarkoittaa ajanjaksoa heti mantran saamisen jälkeen tai se voi tarkoittaa päivittäisen mantra-japa-harjoituksen alkua. Yleisesti ottaen siis sitä mukaa kuin kehitymme päivittäisessä elämässämme meidän pitäisi yrittää tehdä henkisistä harjoituksistamme yhä hienovaraisempia ja jalostuneempia. Silloin tämä heijastuu myös päivittäisiin harjoituksiimme pienemmässä mittakaavassa.

Aivan kuten mantran toistaminen mielessä on voimakkaampaa kuin sen ääneen lausuminen, sanotaan myös, että yhden mantran toistaminen on tehokkaampaa kuin monen eri mantran. Näin siksi, että mielen luonto on virrata. Se etsii koko ajan jotakin uutta. Heti kun se on imenyt mehut yhdestä asiasta, se haluaa etsiä jonkin toisen. Mitä enemmän rajoitamme mieltä, sitä vähemmän annamme sen toimia luontonsa mukaan eli suuntautua ulospäin. Kaikkien edellä mainittujen harjoitusten avulla yritämme jarruttaa mieltä ja taivuttaa se *itse* valitsemaamme suuntaan. Meillä ei ole ennen ollut mitään hallintakykyä; se on ollut, Amman sanoin "kuin häntä heiluttaisi koiraa". Jarruttamista seuraa kuumuus, joka on merkki siitä, että mieli on puhdistumassa. Ei ole sattumaa, että sanskritinkieliset sanat "kuumuus, lämpö" ja "askeesi, kieltäymys, kurinalaisuus" ovat yksi ja sama: *tapas*. Se ei suinkaan tarkoita sitä, että kaikkien, jotka pitävät ääneen resitoinnista, pitäisi lopettaa se. Meidän pitää tutkiskella itseämme ja rehellisesti arvioida oma tasomme ja lähteä siitä eteenpäin, voimistaen harjoituksiamme ajan kuluessa.

Tämän jälkeen voidaan huomioida, että Amma sanoo *Lalita Sahasranaman* ääneen toistolla olevan erityisen vaikutuksen. Hän sanoo, että jos se tehdään oikeassa rytmissä ja nopeudella, se on kuin eräänlaista pranayamaa; se säännöstelee hengityksen vaivatta ja siten rentouttaa ja puhdistaa mieltä ja kehoa.

Meditaation esteistä

Meditaatio on yksi hienovaraisimpia henkisiä harjoituksia. Joillekin se on suuri ilon ja autuuden lähde ja toisille yhtä turhautumista. Suurin osa on näiden kahden välimaastossa. *Mandukya upanishadin* selityksessä, Aadi Shankaracaryan guru Sri Gaudapadacarya mainitsee neljä estettä meditaatiolle sekä keinot päästä niiden yli. Ne ovat *laya, vikshepa, kashaya* ja *rasasvada.*

Laya tarkoitaa nukkumista. Useimmille meistä ongelma on liiankin tuttu, etenkin silloin kun olemme vasta aloittaneet meditaation harjoittamisen. Tämä on vain luonnollista. Koko elämämme ajan olemme tottuneet yhdistämään silmien sulkemisen ja rentoutumisen nukkumiseen. Nyt haluammekin yllättäen sulkea silmät ja pysyä hereillä. Niinpä sitten usein saammekin itsemme kiinni nukkumasta. Päästäksemme tämän esteen yli on etsittävä syytä nukkumiseen.

Nukahtaminen meditaation aikana yleensä johtuu joko liian vähästä yöunesta, liian paljosta syömisestä, liiallisesta fyysisestä rasituksesta tai terveydentilaan liittyvistä ongelmista kuten alhaisesta verenpaineesta. Ongelman ratkaisemiseksi Amma useimmiten neuvoo nousemaan ylös ja kävelemään jonkin aikaa. ”Jos sinua alkaa nukuttaa, nouse ylös ja kävele toistaen samalla mantraasi. Silloin *tamas* (uneliaisuus, tylsyys) lähtee. Meditaation alkutaipaleella kaikki tamasiset ominaisuudet tulevat pintaan. Jos olet valpas, ne häviävät ajan mittaan. Silloin kun tunnet itsesi uneliaaksi, toista mantraa käyttäen *japa malaa* (rukousnauhaa).” Jos meditaation kohde on kuva, Amma kehottaa avaamaan silmät ja keskittymään ulkoiseen kuvaan. Kun uneliaisuus on mennyt ohi, voi taas sulkea silmät ja jatkaa sisäistä visualisointia.

Muistan kuinka ashramin alkuaikoina Amma istui kanssamme meditoimassa vierellään pussillinen pieniä kiviä. Jos joku oli vähällä nukahtaa, Amma heitti häntä yhdellä niistä osuen aina kohteeseensa. Joskus näin tapahtuu vieläkin Amman ohjelmissa.

Koska *darshan* yleensä kestää kolmeen, neljään saakka aamuyöllä, monet Amman ympärillä meditoivista ihmisistä alkavat nukahdella. Ammalla on oma persoonallinen tapansa herättää heidät: hän heittää heitä *prasad*-karamellilla.

Seuraava häiriö on *vikshepa*, levottomuus. Tässä tapauksessa mieli ei ole unelias, vaan sen vastakohta; emme kykene keskittymään mielen rauhattomuuden takia. Mielen rauhattomuuden pohjalla on halu. Kuten aikaisemmin mainittiin, halut johtuvat siitä, että onnen todellinen lähde ei ole selvillä, toisin sanoen se väärinkäsitys, että onni tulee aistikohteista, eikä Itsestä. Jotta päästäisiin tästä meditaatioon liittyvästä ongelmasta, Gaudapada suosittelee, että pohtisimme ajatuksiamme häiritsevien asioiden katoavaisuutta ja sitä, miten ne aiheuttavat ennen pitkää pelkästään surua. Amman neuvo on sama: "Silloin kun ei-haluttuja ajatuksia nousee pintaan meditaation aikana, pitäisi ajatella: "Voi mieli; onko mitään hyötyä ajatella näitä ajatuksia? Onko niillä mitään arvoa?" Tarpeettomat ajatukset pitäisi torjua ajattelemalla tähän tapaan. Täydellisen intohimottomuuden on tultava. Takertumattomuuden tunteen pitäisi herätä. Mielen pitäisi ehdottomasti vakuuttua siitä, että aistien kohteet ovat kuin myrkkyä."

Seuraavaksi tulee *kashaya*. Siinä mieli ei ole unelias, eikä ajatusten häiritsemä, mutta silti syvällistä meditaatiota ei saavuteta, sillä halut ovat yhä olemassa alitajunnan tasolla. Ainoa tapa puuttua tähän ongelmaan, on katsella mieltä etäältä, ja kun piilevät halut tulevat tietoisen mielen pintaan, poistaa ne käyttämällä erottelukykyistä ajattelua.

Viimeinen Gaudapadan mainitsemista esteistä on *rasasvada,* joka kirjaimellisesti tarkoittaa "autuuden (*rasa*) maistamista (*asvadana*)". Kun mieli sulautuu valittuun meditaation kohteeseen, seurauksena on autuuden ja rauhan kokemus. Kokemuksen päihdyttävän vaikutuksen ei pitäisi antaa häiritä, vaan on jatkettava keskittymistä meditaation kohteeseen. On aina muistettava meditaatio-harjoituksen tavoite: mielen terävöittäminen. Itse asiassa silloin koetut autuuden kokemukset ovat Itsen autuuden heijastumia mielen peilissä. Ne menevät ja tulevat mielentilamme mukaan. Autuuden ”maistaminen” ei ole tavoitteemme. Lopulta meidän on ylitettävä sekin ja oivallettava oikea identiteettimme, *atma,* kaikkien autuaallisten kokemusten todellinen lähde. Kuten luvussa yhdeksän tullaan selittämään, se ei ole kokemus, vaan muutos tietoisuudessa. Saguna-meditaatio valmistaa mielen tuohon muutokseen, mutta ei oikeastaan aiheuta sitä. Sen täytyy tulla oikeanlaisesta ymmärryksestä.

Amma sanookin, että mikä tahansa teko, tehtynä oikealla vakaumuksella ja asenteella voi olla henkinen harjoitus, jos se vain tehdään tiedostaen. Kävely voi olla henkinen harjoitus, puhuminen voi olla henkinen harjoitus, kuten myös syöminen tai kotiaskareiden suorittaminen. Ilman muuta mikä tahansa voi auttaa puhdistamaan mieltä, jos se vain tehdään keskittyneesti ja tietoisena päämäärästä.

Amman koko elämä on esimerkki siitä. Hän tekee kaiken erittäin keskittyneesti ja huolellisesti. Ensi katsomalta se ei näytä siltä, sillä Amma on toimissaan niin luonteva. Mutta todella lähemmin katsottaessa voimme nähdä, että kaikki mitä Amma tekee – hänen näennäisen satunnaiset katseensa, spontaani hymynsä, leikkisät eleensä, jopa hänen kyyneleensä – tulevat täysin tietoisesti ja keskittyneesti.

Muistan erään asiaa valaisevan mielenkiintoisen tarinan. Vuonna 2003 elokuvaohjaaja nimeltä Jan Kounen tuli ashramiin tekemään dokumenttielokuvaa Ammasta. Se oli Amman 50-vuotis- syntymäpäivävuosi ja hän halusi kuvata noita päiviä edeltävät massiiviset darshanit. Tällaisissa tilanteissa Amma voi antaa darshania 2000 henkilölle tunnissa. Se on huikeaa katseltavaa: kaksi ihmisjonoa lähestyy Ammaa, toinen oikealta, toinen vasemmalta puolelta, kuin rakkauden kaksi liukuhihnaa. Miettiessään sen kuvaamista Kounen sanoi: ”Hän on niin nopea! Aluksi sitä ei voi nähdä paljaalla silmällä. Se näyttää niin kaoottiselta ja epäselvältä. Se meni liian nopeasti. Sitten keksin kuvata häntä hidastettuna. Silloin vasta aloin nähdä, ettei se ollutkaan sellaista miltä se näytti, vaan erittäin sulavaa ja kaunista. Kaikki oli niin harkittua, se oli kuin balettia.” Kuin todistaakseen, miten tietoisesti Amma toimii sellaisissa tilanteissa, hän saattaa kesken kaiken pysähtyä, nykäistä tiettyä henkilöä ja moittia leikkisästi: ”Hei sinä tuhmeliini! Tulit kahdesti!” Vain Luoja tietää miten Amma voi muistaa joka ikiset kasvot jopa valtavien väkijoukkojen keskellä.

Tietenkin on muistettava, että Amman mieli on jo puhdastakin puhtaampi. Hänen ei tarvitse puhdistaa sitä. Hän on jo saavuttanut kaikkein korkeimman tilan. Hänen toimintansa meditatiivinen luonne on hänen luonnollinen olotilansa ja toimii ainoastaan esimerkkinä, jotta maailman ihmiset inspiroituisivat seuraamaan hänen jalanjälkiään oman henkisen kasvunsa hyväksi.

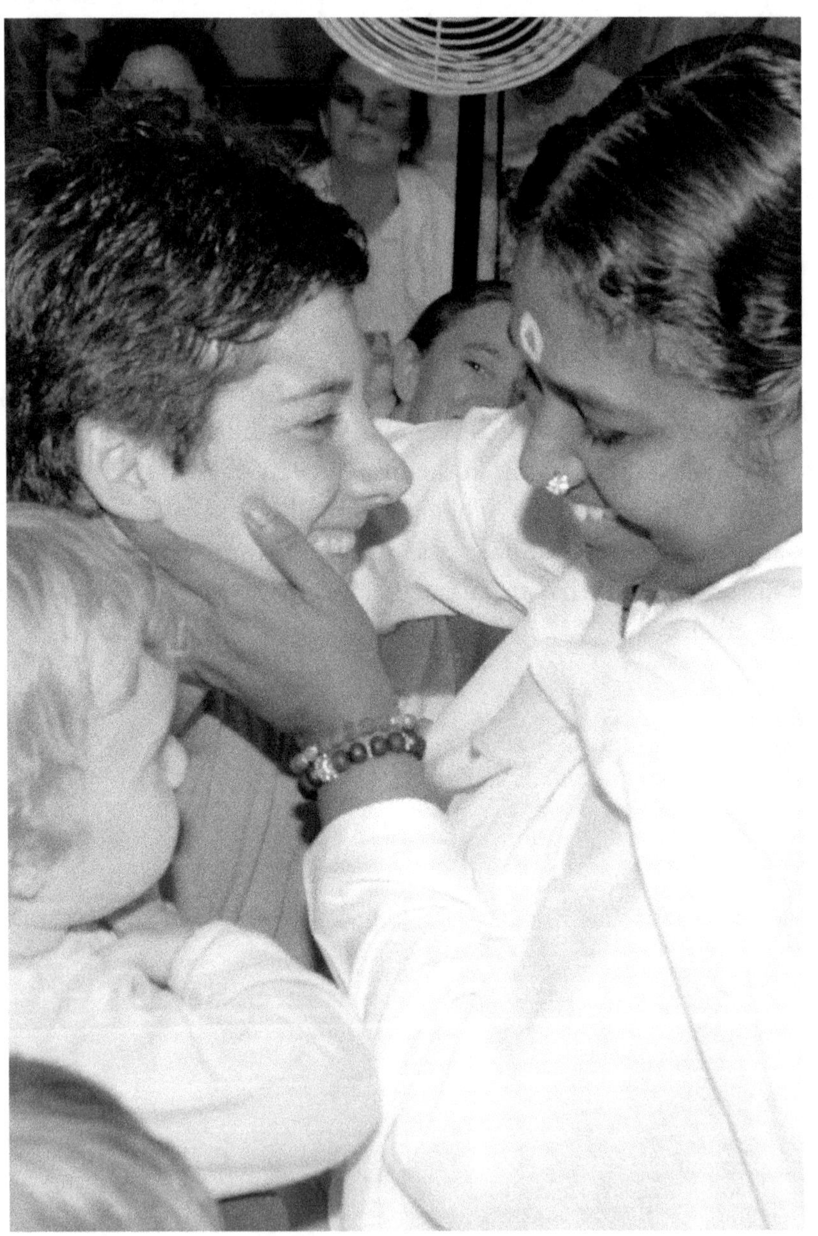

9. Luku

Loppu murheelle

"Pimeyttä ei voida poistaa fyysisellä tasolla, mutta jos päästämme sisään valoa, pimeys väistyy automaattisesti. Samaan tapaan, sitten kun todellinen tieto herää, tietämättömyyden pimeys häviää. Silloin heräämme ikuiseen valoon."

—Amma

Viimeinen askel valaistumisen tiellä on *jnanajooga* eli tiedon jooga. Kaikki muut edellä mainitut harjoitukset; *karmajooga, saguna*-meditaatio, jumalallisten ominaisuuksien kehittäminen jne. ovat itse asiassa vain jnana-joogaan valmistautumista. Kuten aikaisemmissa kappaleissa todettiin, karmajoogan tarkoitus on auttaa meitä pääsemään mieltymyksistämme ja vastenmielisyyksistämme, mieltä häiritsevistä ja sitä hajaannuttavista ajatuksista. Saguna-meditaatiossa tähdätään mielen keskittymiskyvyn parantamiseen. Yhteenvetona voidaan ajatella, että jos henkinen matka on kuin astuisi rakettiin, niin meditaatio kasvattaa raketin moottorin voimaa ja karmajooga tekee aluksesta aerodyanaamisemman. Vain yksi asia puuttuu vertauksesta: päämäärä. Päämääränä on *Atma-jnana* eli Itsetuntemus. Päästäksemme perille, meidän on kuljettava hyvin outo tie. Se on outo siksi, että päästyämme perille oivallamme, että olimme siellä jo alusta alkaen! Jo tästä toteamuksesta voimme nähdä, miten hienovarainen tieto on atma jnana ja miten tärkeää on karmajoogalla ja meditaatiolla saavutettu mielen puhtaus. Ihmiset lähtevät henkiselle tielle vain yhdestä syystä: siksi että eivät ole niin onnellisia kuin haluaisivat olla. Kuten aikaisemmin totesimme, koko elämäämme ohjaa yksinomaan halu olla onnellinen tai vielä onnellisempi kuin jo olemme, tai pelko tämänhetkisen onnen menetyksestä. Hankimme töitä, koska tiedämme tarvitsevamme rahaa elämän perustarpeisiin, kuten ruokaan, vaatteisiin ja asumiseen. Käymme elokuvissa, kuuntelemme musiikkia ja harrastamme ihmissuhteita, koska uskomme niiden rikastuttavan elämäämme. Jopa korkean moraalin ylläpito, sosiaaliset normit ja epäitsekäs toiminta tähtäävät sisäisen rauhan ja täyteyden vakiinnuttamiseen ja ylläpitoon. Kaikki nämä asiat antavat meille kyllä jonkin asteista väliaikaista onnen tunnetta, johon kuitenkin aina sekoittuu surua. Useimmat ihmiset jatkavat elämäänsä tähän tapaan, toivoen jonakin päivänä löytävänsä kultaruukun sateenkaaren päästä – täydelliset olosuhteet, joissa he voisivat elää onnellisina elämänsä loppuun saakka. Tai sitten he vain tyytyvät olemaan tyytymättömiä. He päätyvät siihen ymmärrykseen, että elämässä tulee aina olemaan ylä- ja alamäkiä ja päättävät kärsiä elämän alamäet niitä edeltävien tai seuraavien ylämäkien antamalla ilolla ja voimalla.

Useimmat ihmiset ovat valmiita hyväksymään 90% surua voidakseen kokea 10% onnea. Outoa tässä on se, että he eivät koskaan hyväksyisi samaista epätäydellisyyttä minkään muun asian suhteen. Voitko kuvitella autoa, joka käynnistyisi vain joka 10. päivä? Ongelman ydin on se, etteivät he todellakaan tiedosta sitä, että on olemassa muitakin mahdollisuuksia.

Henkiset mestarit ovat täällä kertoakseen meille, että on olemassa toinenkin vaihtoehto: *Itse*tuntemus, oman todellisen olemuksen oivaltaminen. He kertovat meille, että ainoastaan tietämällä, mitä oikeasti olemme, voimme löytää kaipaamamme onnen. Näin siksi että väliaikainen onnen tunne; ilo ja autuus, jota koemme täytettyämme halumme, tulee sisältämme. Jos voimme samastua tuohon onnen lähteeseen, emme tule koskaan kokemaan edes sadepisaran verran surua.

Juuri nyt voin suurella varmuudella arvata yhden elämäsi onnellisimmista hetkistä. Kuvittele, että kello on 10 illalla ja menet nukkumaan. Sinun on herättävä viideltä aamulla ehtiäksesi töihin, joten pistät herätyskellon soimaan. Olet kohta syvässä unessa. Seuraava asia, jonka tajuat on, että olet hereillä ja huone on täysin pimeä. Et pysty näkemään mitään, etkä tiedä paljonko kello on. Olet ehkä nukkunut vasta tunnin. Vai olisiko kello jo 4.59! Lausut pikaisen rukouksen, kurotat kohti yöpöytää ja tunnustelet käteesi herätyskellon. Löydät sen ja tuot sen silmiesi eteen. Toinen pikainen rukous ja painat kelloon valon. Ja mitä näetkään? 23.30! Viisi ja puoli tuntia lisää unta! Tuo on ehkä elämämme onnellisimpia hetkiä.

Mitä tämä oikein tarkoittaa? Syvän unen tilassa ei ole herkullisia ruokia. Ei ole rantalomakohteita, ei supermalleja, ei rahaa eikä kuuluisuutta. Siellä ei ole edes unia. Ei ole mitään. Silti herättyämme tiedämme jollakin tapaa, ettei ole olemassa sen suurempaa autuutta. Tietäjät ja pyhimykset sanovat, että muisto syvässä unessa kokemastamme autuudesta todistaa sen, että onni tulee yksinomaan sisältäpäin. Vain omat halumme estävät sen. Muistan, kun joku kerran kysyi Ammalta, miltä tuntuu olla valaistunut. Hän vastasi: ”Se on kuin syvässä unessa koettu autuus, mutta täysin hereillä ollessa.”

Valaistuneessa tilassa olemme vakiintuneet samaiseen autuuden tilaan ikuisesti, riippumatta siitä, mitä ulkoisessa maailmassa tapahtuu. Se on Amman omien sanojen mukaan ”täydellisen täyteyden tunne, jossa ei ole enää mitään saavutettavaa. Se on oivallus, joka tekee elämästä täydellisen.” Tämä on se, mitä me henkisinä etsijöinä haemme. Ja vain sen tiedon avulla – ymmärtämällä oikein sen, mitä olemme ja mitä emme ole – voimme sen saavuttaa.

Tieto kohtaa tietäjän

Atman kokeminen voi olla konstikasta, sillä se ei ole mikään asia tai esine. Siksi tietoa Itsestä pidetään kaikista eri tiedon tai tieteen aloista hienovaraisimpana. Minkä tahansa muun opiskelun kohde on jokin asia tai kohde, konkreettinen objekti. Esimerkiksi astronomiassa subjektin, "minän", tutkimuksen kohteina ovat taivaankappaleet. Maantieteessä "minä" eli subjekti tutkii kohteita: maaperää ja kiviä. Kemiassa "minä" tutkii kemikaaleja jne. Itsetuntemuksen alalla tutkimuksen kohde on subjekti eli tutkija itse. Siinä subjektista ei koskaan voi tulla älyllisesti ymmärrettävää objektia. Tarkkailijasta ei voi tulla tarkkailun kohdetta. Voiko silmä nähdä itsensä? Voiko kieli maistaa itseään? Se on mahdotonta.

Esimerkkinä tästä, kerron erään kuulemani tarinan. Tapahtui sähkökatkos. Pimeässä mies etsii käsiinsä taskulampun. Hän pistää sen päälle ja siitä lähtevä valokeila valaisee koko huoneen. Mies hämmästelee valon voimakkuutta: "Lähteepäs siitä voimakas valo! Paristot ovat varmasti mahtavat!" Mies haluaa ottaa selville, minkä merkkisiä paristot ovat. Hän päättää ottaa ne pois ja katsoa niitä taskulampun valossa. Tietenkin hän tajuaa hölmöytensä välittömästi.

Emme ole siis koskaan ennen tutkineet mitään vastaavaa. Atma ei ole korvin kuultavissa, kuten musiikki. Sillä ei ole muotoa eikä hahmoa, joten silmistämme ei ole hyötyä sen havaitsemisessa. Samoin, se ei haise, maistu tai tunnu miltään. Se ei ole lainkaan objekti. Se on subjekti. Atma tarkoittaa sananmukaisesti "itseä".

Normaalisti voimme kokea kaiken muun oppimamme. Esimerkiksi, luemme Jupiterista kertovan kirjan. Kirjassa kerrotaan, miten sen voi löytää teleskoopilla. Voimme sitten odottaa pimeää, mennä katolle ja asettaa kaukoputken oikeaan asentoon. Sitten voimme nähdä ja kokea sen. Samoin on musiikin laita, Ehkäpä luemme lehdestä jostakin musiikin lajista, jota emme ole ennen kuulleet. Se kiinnostaa meitä, joten luonnollisestikin haluamme myös kokea sen. Mitä sitten teemme? Menemme internettiin, ostamme ja lataamme mp3-tiedostoja ja kuuntelemme niitä. Objektiivinen tutkimus etenee tässä järjestyksessä; aluksi opimme asiasta, sitten koemme sen.

Mutta Itsetuntemuksen, subjektiivisen tieteen alan ollessa kyseessä, asia ei ole näin. Siksi, että ennen kaikkea tieto keskittyy *sinuun*, omaan itseesi. Kuvittele lukevasi ihmisistä kertovaa artikkelia sanomalehdestä ja ajattelevasi että "Nämä ihmiset kuulostavat todella mielenkiintoisilta. Haluaisin todellakin tavata jonkun heistä!" Ja sitten juoksisit ulos etsimään heitä. Se olisi naurettavaa, vai mitä? Itsetuntemuksen alueella opettelemme tuntemaan jotakin sellaista, mistä meillä on jo ns. kokemus[1]. Koet sen esimerkiksi juuri nyt, tätä lukiessasi. Ongelmana ei olekaan "kokeminen", vaan tiedon ymmärtäminen ja tunnistaminen.

Annetaan tästä esimerkki: useimmat teistä varmasti tuntevat Star Wars -elokuvat. Ne ovat tunnettuja kaikkialla maailmassa, myös Intiassa. Rehellisesti sanottuna, en ole itse nähnyt niitä, mutta tunnen erään henkilön, joka on fani. Hän kertoi minulle seuraavaa: sarjan toisessa elokuvassa, *Imperiumin vastaiskussa*, on kohtaus, jossa elokuvan sankari Luke Skywalker etsii guruaan, Yodaa. Hän on matkustanut kaukaiselle planeetalle hakeakseen hänen opastustaan. Ongelma on siinä, ettei Luke ole koskaan ennen tavannut Yodaa. Hän ei edes tiedä, miltä tämä näyttää. Laskeuduttuaan oudolle planeetalle hän tapaa hassunkurisen ja ivallisen pienen, vihreän olennon, jolla on isot korvat. Lukella on kiire löytää gurunsa ja ryhtyä hänen oppilaakseen. Mutta tuo pieni, vihreä olento viivyttää häntä jatkamalla hänen härnäämistään ja muutenkin ärsyttämällä häntä. Lopulta Luke hermostuu

[1] Sana "kokemus", ei ole täysin oikea, koska "kokeminen" edellyttää jonkin objektin kokemista. Kuitenkin Amma ja muut mahatmat käyttävät sitä kielen rajoitusten puiteissa.

niin paljon, että alkaa huutaa, heitellä tavaroita ja kirota kohtaloaan. Sillä hetkellä pieni, vihreä olento paljastaa olevansa Luken etsimä Yoda. Näin ollen Lukella oli jo "Yoda-kokemus", mutta hänellä ei ollut "Yoda-tietoa". Samoin on meidän ja atman laita. Voimme kokea atman tällä hetkellä, kuten aina ennen ja jälkeenkin. Me tarvitsemme vain jonkun näyttämään sen meille. Se on gurun tehtävä. Guru näyttää meille pyhien kirjoitusten opetuksia peilinä, josta voimme nähdä omat kasvomme. Tällä tavalla hän näyttää meille oman Itsemme.

Ongelma on myös siinä, että vaikkakin tällä hetkellä "koemme" Itsen, koemme samalla myös monia muita asioita, sekä sisäisesti että ulkoisesti. Sen lisäksi sekoitamme sisäisessä ja ulkoisessa todellisuudessamme tapahtuvia asioita; tunteita, muistoja, ajatuksia ja egon, Itseen. Ero on niin hienon hieno, että ainoastaan gurun ja Itsetuntemusta käsittelevien pyhien kirjoitusten avulla voimme toivoa voivamme erottaa ne toisistaan. Amma käyttää usein vertauksena toisiinsa sekoitettua hiekkaa ja sokeria. Hän sanoo, että ihmisen olisi hyvin vaikeaa ja aikaavievää, lähes mahdotonta, erottaa ne käsin toisistaan. Kuitenkin muurahaiselta se kävisi helposti. Tässä ihminen edustaa tylsää, epäpuhdasta mieltä ja älyä ja muurahainen puolestaan jotakuta, joka on jalostanut älynsä henkisillä harjoituksilla ja opiskelemalla *Vedantaa* elävän mestarin ohjauksessa. Amma käyttää sellaisesta mielestä sanaa *viveka buddhi*, erottelukykyinen äly.

Sokerin hiekasta erottamiseksi pyhät kirjoitukset tarjoavat meille monia järjestelmällisiä keinoja. Ne ovat erittäin loogisia ja älyllisesti tyydyttäviä. Niitä ovat esimerkiksi *panca-kosha-viveka*, joka erottaa ihmisen persoonan viisi eri tasoa toisistaan. *Sharira-traya-viveka* erottaa kehon kolme eri tasoa toisistaan. *Asvastha-traya-viveka* erottelee mielen kolmen eri tason ja *drig-drishya-viveka* kokijan ja koetun välillä. Nämä kaikki ovat Itse-analyysin eri osa-alueita. Voimme käyttää kaikista yhteistä termiä *atma-anatma viveka,* joka on erottelua atman ja anatman välillä, todellisen Itsen ja sen mikä ei ole Todellinen itse.

Näiden menetelmien avulla tulemme oivaltamaan, ettemme ole sitä mitä luulimme olevamme, nimittäin keho, tunteet tai äly. Kaiken todellinen olemus on se, mikä ei koskaan muutu. Esimerkiksi tiede on määrittänyt, että veden olennainen koostumus on H_2O, kahden vety- ja yhden happiatomin molekyyli. Jos koostumusta muutetaan edes vähän ja siitä tehdään esim. H_3O tai HO_2, silloin se ei ole enää vettä. Pitääkö H_2O:n sitten olla nestettä? Ei välttämättä. Se voi olla jäässä mutta silti se on vettä. Tai se voi olla höyryä. Se voi myös omaksua minkä tahansa muodon; se voidaan kaataa pyöreään maljaan tai ohueen pikariin tai jäädyttää elefantin muotoon buffetin koristeeksi, Mitkään nämä muutokset eivät vaikuta H_2O:n todelliseen olemukseen – se on yhä vettä. Vietiinpä sitä Intiaan, Espanjaan, Japaniin tai Englantiin, se on silti vettä. Voit kutsua sitä eri nimillä: *pani, agua, mizu, water* tai jopa keksiä sille kokonaan uuden nimen. Niin kauan kuin se on H_2O:ta, se on samaa ainetta.

Näemme, että keho, mieli ja äly ovat alati muuttuvassa tilassa. Painomme ja pituutemme vaihtelevat jatkuvasti. Saatamme jopa joutua sotaan ja palata sieltä ilman jotakin raajaamme. Älykkyysosamäärämme muuttuu, samoin se mistä pidämme ja mistä emme pidä. Jonakin hetkenä rakastamme jotakuta ja seuraavana vihaamme häntä. Uskontoon, politiikkaan, oikeaan ja väärään liittyvät vakaumuksemme, ne kaikki muuttuvat. Työ- ja asuinpaikat vaihtuvat jne. Nykymaailmassa voi jopa muuttaa sukupuoltaan. Tämä kertoo siitä, että keho, tunteet ja äly ovat kaikki olemuksemme pintapuolisia ulottuvuuksia. Ne eivät ole kaiken muuttumaton perusolemus – atma.

Jos kysyt joltakulta, kuka hän on, hän kuvailee sinulle kehonsa. Luultavasti hän sanoisi jotakin sellaista, kuten ”olen mies, olen 56-vuotias, olen sen ja sen poika, työskentelen siinä ja siinä tehtaassa." Jos ajattelemme asiaa, on vain yksi sana, joka ei muutu: "minä". Tuo "minä" on jatkuvasti läsnä. Pyhissä kirjoituksissa neuvotaan, että jos menemme tarpeeksi syvälle "minään", saamme selville että sen ytimessä on todellinen Itsemme. Kuten Amma sanoo: "Tuo nimetön, muotoa vailla oleva, kaiken läpäisevä, kaiken perusolemus on "Minä", Atma, Brahman tai Jumala.

Tietoisuuden olemus

Atmasta puhutaan monella eri nimellä: brahman, *purusha, paramatma, prajna, caitanyam, nirguna ishvara*, mutta kuten jopa Vedoissa sanotaan: *ekam sat viprah bahudha vadanti*, "Totuus on yksi, tietäjät kutsuvat sitä eri nimillä." Kaikki edellä mainitut sanat tarkoittavat puhdasta tietoisuutta. Tietoisuus on todellinen olemuksemme. Pyhistä kirjoituksista opimme, että tietoisuus ei ole jotakin sellaista, joka liittyy kehoon tai mieleen tai on niiden tuottamaa, vaan se läpäisee ja valaisee ne ja antaa niille elämän. Se on kehossamme sivustakatsojana, se todistaa ajatukset ja tunteet, kuten myös niiden puuttumisen. Näin ollen kirjoituksissa sanotaan.

yanmanasā na manute yenāhurmano matam |
tadeva brahma tvaṁ vidhi nedaṁ yadidam-upāsate ||

"Se mitä mieli ei voi ymmärtää, mutta minkä sanotaan ymmärtävän mielen,
tiedä, että vain se on Brahman, eikä se mitä palvotaan täällä."
Kena upanishad 1.6.

Tietoisuus ei rajoitu kehoon. Se vain vaikuttaa siltä, koska hyvin hienosyisenä se voidaan havaita vain jonkin välineen, kuten kehon tai mielen kautta. Ilmiötä voidaan selittää usein käytetyllä vertauksella valosta[2]. Havaitsemme valon, vain silloin kun se heijastuu jostakin, esimerkiksi seinältä, kasvoista tai kädestä. Sen vuoksi ulkoavaruus, jossa ei ole mitään valoa heijastavia objekteja, vaikuttaa pimeältä. Silti siellä on varmasti valoa. Maapalloa valaisevien auringon säteiden on kuljettava ulkoavaruuden poikki matkallaan tänne. Emme voi havaita niitä, koska avaruudessa ei ole heijastuspintaa. Sama koskee tietoisuutta. Kuten aikaisemmin mainittiin, tietoisuus itsessään ei voi olla havainto-objekti. Voimme havaita sen vain silloin, kun se heijastuu jostakin välineestä, kuten kehosta tai mielestä.

Sanotaan myös, että tietoisuus on ikuinen, ilman alkua ja loppua. Todellisuudessa se on ainut ikuinen asia ja koska se ei ole sidoksissa kehoon, se ilman muuta jatkaa olemassaoloaan kuoleman jälkeen. Miksi kuollut keho sitten vaikuttaa olevan vailla tietoisuutta? Siksi, että se ei ole enää pätevä väline heijastamaan tietoisuutta.

Se ei tarkoita sitä, etteikö tietoisuus olisi enää läsnä. Selittäessään asiaa, Amma käyttää usein vertausta kattotuulettimesta. ”Kun lamppu palaa tai tuuletin lakkaa pyörimästä, se ei tarkoita sitä ettei olisi enää sähkövirtaa. Kun lakkaamme käyttämästä viuhkaa, ilmavirta lakkaa, mutta se ei tarkoita sitä, että ilma olisi loppunut. Tai kun ilmapallo puhkeaa, se ei tarkoita sitä että pallossa ollut ilma olisi lakannut olemasta. Se on yhä olemassa. Samaan tapaan tietoisuus on kaikkialla läsnäoleva. Toisin sanoen tietoisuus ei synny materiasta vaan *materia tietoisuudesta.*

Kvanttifysiikan tultua jotkut fyysikot ovat alkaneet tutkia ilmiötä. Eräs tällainen tietelijä, Oregonin yliopistossa USA:ssa työskentelevä ydinfyysikko, Amit Goswami on julkaissut tutkimuksen jonka mukaan ”Kaikki kvanttifysiikan paradoksit voidaan ratkaista, jos hyväksymme tietoisuuden kaiken perustaksi.”

[2] Intiassa käytetään valoa tietoisuuden symbolina, sillä molemmat valaisevat näkymättömissä olevan.

Tästä pääsemme seuraavaan: jos tietoisuus on kaikenläpäisevä, kuten avaruus, niin eikö silloin minun ajatusteni ja tunteideni takana ole sama tietoisuus kuin kaikkien muiden universumin olentojen ajatusten ja tunteiden taustalla? Ja jos on olemassa jokin sellainen kuin Jumala, maailmankaikkeuden luoja, ylläpitäjä ja tuhoaja, eivätkö silloin minun tietoisuuteni ja Hänen tietoisuutensa olisi yhtä? Loppujen lopuksi: todellisuudessa tietoisuus ei ainoastaan läpäise maailmankaikkeutta, vaan se *on* maailmankaikkeus. Tietoisuus on maailmankaikkeuden rakennusaine. Nämä ovat joitakin Vedantan perusperiaatteita ja niiden perusteellinen oppiminen ja omaksuminen, kuten kaikkien muidenkin aiheiden, vaatii aikaa, ponnisteluja ja pitkällistä opiskelua.

Vedantan opiskelun kolme vaihetta

Itsetuntemuksen opiskelu on jaettu kolmeen osaan. Näitä kutsutaan nimillä *sravana, manana ja nidhidhyasana,* eli opetuksen kuuleminen, sitä koskevien epäilysten poistaminen ja opetuksen omaksuminen.

Sravana

Sravana tarkoittaa kirjaimellisesti "kuulemista". Siispä ensimmäinen askel on henkisen opetuksen kuuleminen. Lukemisesta ei puhuta mitään. Miksi siis kuuleminen eikä lukeminen? Siksi että kuulemiseen tarvitaan elävä guru ja kirjoituksissa sanotaan, että elävä guru on välttämätön Itsen tuntemuksesta kiinnostuneelle. Kirjoitusten oikeanlainen opiskelu tapahtuu systemaattisella tavalla, alkaen terminologian selityksestä ja päättyen *jivatmaparamatma-aikyamiin* -perimmäiseen totuuteen, opetukseen siitä, että yksilön todellinen olemus ja Jumalan (tai universumin) olemus on sama tietoisuus. Voiko oppilas onnistua matematiikan opinnoissaan, jos hän aloittaa ne heti integraalilaskennasta? Näin on myös Vedantassa. Meidän on alettava alusta ja mentävä siitä eteenpäin.

Vain elävä guru kykenee määrittelemään kunkin oppilaan tason ja sen, miten hyvin he ymmärtävät asiat. Hän on vuorovaikutuksessa heidän kanssaan sekä ennen että jälkeen puheiden, sillä perinteen mukaan opetuslapset asuvat gurun kanssa hänen *ashramissaan*. Tällä tavalla hän voi arvioida heidän heikkoutensa ja vahvuutensa ja kykenee opastamaan heitä sen mukaisesti.

Kuten sanottua, Itsen tuntemus on kaikista tieteenlajeista hienojakoisin. "Hienoistakin hienoin", kirjoituksissa sanotaan. Näin ollen sitä pitäisi opiskella päivittäin. Ei voida määritellä tarkkaan, kuinka kauan opiskelun tulisi kestää, koska oppilaita on monen tasoisia. Hyvin usein Vedantaa opiskellaan opettajan ohjauksessa kymmeniä vuosia, ellei pitempäänkin. Pyhistä kirjoituksista ja gurun opetuksista pitää muodostua elämäämme kantava voima.

Amma sanoo, että *sravana* ei ole pelkkää kuuntelua. Se on täydellisen keskittynyttä kuuntelua, jossa kuunnellaan koko sydämellä ja olemuksella. Siinä opetuslapsen mieli samastuu täydellisesti gurun mieleen. Tämän tapahtuessa, gurun ajatukset hänen puhuessaan sananmukaisesti siirtyvät oppilaan mieleen. Eikö tässä olekin koko kommunikaation ydin?

Yleensä sanotaan, että guruksi voi tulla vain, jos on ollut ensin (gurun) oppilaana. Näin siksi, että Itsetuntemus tapahtuu kuuntelemalla elävää gurua. Ja mistäpä guru on saanut oman tietonsa? Kuuntelemalla *omaa* guruaan. Tällaiset guru-oppilas- linjat eli *paramparat* voidaan jäljittää vuosisatoja, ellei vuosituhansia taaksepäin. Itse asiassa sanotaan, että kaikki todelliset paramparat alkavat Jumalasta, sillä jokaisen luomisen syklin alussa Jumala itse palvelee ensimmäisenä guruna ja paljastaa opetukset *Vedojen* muodossa.

Amma on kuitenkin siitäkin poikkeus. Hänellä ei koskaan ollut gurua. Silti hänellä on kaikki vaadittava pätevyys muiden opastamiseksi vapautukseen. Ensinnäkin, Amma on *brahma nistha*, henkilö joka on täysin sisäistänyt ja pysyvästi omaksunut sekä itsensä että koko maailmankaikkeuden perimmäisen todellisuuden. Toiseksi, vaikka Amma ei ole koskaan ollut gurun opissa, hän pystyy selkeästi selittämään kaikkein hienovaraisimmatkin henkiset totuudet. Amma ei ole koskaan opiskellut *Bhagavad-Gitaa* tai *upanishadeja*, mutta hän ilmaisee täsmälleen samat, näissä pyhissä kirjoituksessa esitetyt opit täydellisen selkeästi ja syvällisesti. Amma on selvästikin poikkeustapaus.

Silti meidän ei tulisi olettaa, että itse olisimme jollakin tavalla poikkeus säännöstä. Se on hyvin harvinaista. Kerran Ammalle esitettiin asiaa koskeva kysymys ja hän vastasi: "Musiikillisesti lahjakas henkilö voi kyetä laulamaan kaikki raagat (Intialaiset sävelasteikot) ilman erityistä valmennusta. Mutta kuvittele, jos kaikki alkaisivat laulaa niitä ilman opetusta! Joten Amma ei sano että guru olisi välttämätön, vain sen, että hyvin harvassa ovat ne, joiden tietoisuus ja keskittymisen taso ovat niin korkealle kehittyneet, etteivät he tarvitse ulkoista gurua."

Kasvi voi ihmeen voimalla kasvaa paljaalla kalliolla, mutta ei olisi järkevää tarkoituksella istuttaa sinne mitään.

Manana

Seuraava askel tiedon tiellä on *manana*, *epäilyksien* poistaminen. Tässä vaiheessa elävä mestari on etsijän ainoa todellinen tuki. Emme voi kysyä mitään kirjalta. Kirjoituksia luettaessa voidaan nähdä, että lähes kaikki ne ovat kysymys- ja vastaus-vuoropuheluita oppilaan ja mestarin välillä. *Manana* varmistaa sen, että sen jälkeen, mitä olemme oppineet *sravana*-vaiheessa, ei ole pienintäkään osa-aluetta, jota emme ymmärtäisi tai hyväksyisi. *Mananan* tarkoitus on jalostaa ymmärryskyky täydelliseksi. Oikeastaan oppilaan pitäisi jatkuvasti pohdiskella ja käännellä mielessään sitä, mitä guru on hänelle sanonut. Onko se järkeenkäypää ja jos ei, niin hänen pitää pyytää gurua selittämään se uudelleen. Kysymysten esittäminen ei ole pelkästään suotavaa, vaan peräti välttämätöntä. Oppilaan tulisi kaiken aikaa testata omassa elämässään gurun lausumia totuuksia ja yrittää nähdä, onko niissä aukkoja. Hänen elämästään pitäisi muodostua jatkuva tieteellinen koe, jolloin hän aina johonkin toimeen ryhtyessään tarkkailee, ovatko hänelle kerrotut periaatteet totta. Vasta sitten, kun olemme täysin varmistuneet opetusten pitävyydestä, voimme toivoa siirtyvämme seuraavalle tasolle, joka on *nidhidhyasana*, opitun omaksuminen.

Siispä oppilaalla pitää olla *sraddhaa* – uskoa ja luottamusta guruun ja hänen opetuksiinsa. Kokeilumme pitäisi perustua siihen uskoon, että opetus on virheetöntä, koska se on peräisin jumalallisesta lähteestä. Kysymyksemme ovat täysin hyväksyttyjä, mutta samalla meidän tulisi ymmärtää, että vika on omassa ymmärryskyvyssämme, eikä opetuksessa. Kysymystemme tulisi perustua haluun oppia ja ymmärtää selkeämmin, ei siihen, että haluamme kyseenalaistaa gurun tai pyhien kirjoitusten logiikan. Oppilaan tulisi ymmärtää, että guru tietää äärettömän paljon enemmän kuin hän ja että epäselvyydet ovat peräisin hänen puoleltaan. Valitettavasti monet meistä eivät ole tällaisia.

Kerran eräs IT- insinööri päätti liittyä armeijaan. Ensimmäisenä viikonloppuna hänet vietiin ampumaradalle ja hänelle annettiin ladattu ase. Häntä neuvottiin ampumaan kymmenen laukausta radan päässä olevaan maalitauluun. Muutaman laukauksen jälkeen hänelle ilmoitettiin, että mikään niistä ei ollut osunut maaliin. IT- insinööri katsoi kivääriään, sitten maalia, jälleen kivääriä ja sitten maalia. Sitten hän työnsi sormensa aseen piippuun ja painoi laukaisinta. Totta kai hänen sormensa lensi taivaan tuuliin. Jonkun aikaa kiroiltuaan, hän huusi ampumaradan toiseen päähän: ”Tässä päässä kaikki toimii hyvin, joten vian täytyy olla siellä.”

Meidän logiikkamme on samalla tavalla viallinen. Virheellisesti pidämme gurua, hänen opetuksiaan tai hänen määräämiään henkisiä harjoituksia viallisina, vaikka vika on omassa heikkoudessamme, heikossa tiedostavuudessamme tai ymmärryskyvyssämme.

Kuten luvussa seitsemän jo mainittiin, Amma painottaa sitä, että meidän tulisi kehittää aloittelijan asennetta. Tämä asenne on hyvin tärkeä gurulle esitettävien kysymysten suhteen. Meidän pitäisi tulla Gurun luokse pääsemään epäilyksistämme, ei väittelymielessä, vaan lapsena. Vain sellaisessa mielentilassa kykenemme kuulemaan ja sisäistämään sen, mitä guru sanoo. Jos tulee väittelemään, silloin ei voi todella kuunnella gurua. Silloin henkilö on koko ajan keskittynyt muotoilemaan vastaväitettään. Mieli voi keskittyä vain yhteen asiaan kerrallaan. Jos on kaiken aikaa kiireinen muotoillessaan vastaväitteitä, kuinka silloin voisi omaksua sillä hetkellä kuulemansa?

Opiskellessamme *Vedantaa* oikealla tavalla, voimme aluksi päästä eroon epäilyksistämme. Se jälkeen guru puolestaan esittää meille kysymyksiä, sellaisia joita emme ole pohtineet koskaan aikaisemmin. Guru saattaa jopa esittää muista filosofioista peräisin olevia vastaväitteitä. Tämä tapahtuu sen varmistamiseksi, että opetusta koskevasta ymmärryksestämme tulisi vakaa ja horjumaton. Kuten sanottua, manana loppuu vasta sitten, kun viimeisetkin *atmaa* koskevat epäilykset ja epäselvyydet on hävitetty. Vain sitten olemme valmiit *nidhidhyasanaan* – opitun omaksumiseen.

Nidhidhyasana

Nidhidhyasana on yksi henkisen tien väärinymmärretyimmistä osa-alueista. *Nidhidhyasana* tarkoittaa opetuksen täydellistä omaksumista ja sen mukaan elämistä. Otetaan esimerkiksi vieras kieli, vaikkapa *malayalam*. Opettaja sanoo: ”Päivän ensimmäinen sana on *pustakam*. Se tarkoittaa kirjaa." *Sravanam* on tämän sanan kuuleminen opettajalta. Sanan lausumisen tai sen lauseessa käytön suhteen ilmenevien kysymysten poistaminen olisi *manana*. *Nidhidhyasanam* olisi sitä, että tieto on niin syvälle juurtunut mieleeni, että välittömästi kuullessani sanan pustakam, ajattelen kirjaa. Sen jälkeen joka kerta, kun näen kirjan, ajattelen välittömästi sanaa *pustakam*. Sitten, jos joku ojentaa minulle kirjan ja sanoo *pazham* (banaani) tai antaa banaanin ja sanoo pustakam, tiedän heti, että hän on tehnyt virheen. Vain tämän tapahtuessa voidaan sanoa, että tieto on täysin omaksuttu.

Itsetuntemuksen tieteessä opimme oman Itsemme, atman, todellisesta olemuksesta. Aikaisemmin tässä kappaleessa puhuttiin siitä, miten kirjoituksissa sanotaan, että todellinen luontomme on ikuinen tietoisuus ja että sama tietoisuus on autuuden lähde. Edelleen minussa oleva tietoisuus on yhtä kaikkien muiden olentojen tietoisuuden kanssa, aina pikkiriikkisestä muurahaisesta itseensä Jumalaan. Loppujen lopuksi se on koko maailmankaikkeuden perusta. Jos olemme täysin sisäistäneet sen, silloin emme ajattelisi itsemme olevan keho, mieli tai äly, vaan tietoisuus. Ollessamme vuorovaikutuksessa muiden kanssa, emme ajattelisi heidän olevan meistä erillisiä vaan yhtä meidän kanssamme ja että meissä kaikissa oleva tietoisuus on sama. Katsoessamme meitä ympäröivää maailmaa näemme yhä puita, jokia, rakennuksia, eläimiä, autoja, vuoria jne. mutta muistamme, että todellisuudessa ne kaikki ovat samaa tietoisuutta. Se heijastuu ajatuksiimme, sanoihimme ja tekoihimme.

Guru teki oppilaidensa kanssa matkaa jalkaisin. Opetuslapsia oli noin 40 ja he kaikki olivat pukeutuneet, samoin kuin gurunsa, valkoisiin vaatteisiin ja huiveihin. Gurun pää ja kasvot olivat paljaaksi ajellut, niin myös oppilaiden. Ulkonäön perusteella ei mitenkään voinut erottaa mestaria oppilaista.

Pari tuntia ennen auringonlaskua ryhmä pysähtyi tauolle. Guru ja hänen 40 oppilastaan istuivat yhdessä juomaan teetä. Silloin yksinäinen matkustaja lähestyi heitä. Hän saapui pellolle leiriytyneen seurueen luo ja katseli heitä hetken aikaa. Sitten hän yllättäen käveli gurun luo ja kumarsi häntä. Hänen ollessaan kumartuneena gurun jalkojen juureen, guru kumartui hänen puoleensa ja siunasi hänet kädellään. Mies nousi seisomaan ja lähti jatkamaan matkaansa.

Siinä katsellessaan tuota vuorovaikutusta erään oppilaan mielessä heräsi heti kysymys. Hän sanoi: "Me olemme kaikki pukeutuneet samalla tavalla. Meillä kaikilla on ajeltu pää ja kasvot. Eikä kukaan meistä hänen saapuessaan osoittanut mitään ulkoisia kunnioituksen merkkejä gurua kohtaan. Kuinka hän oikein pystyi päättelemään kuka meistä on guru?" Hän laski teekuppinsa maahan ja juoksi matkamiehen perään.

Tavoitettuaan matkalaisen nuori munkki esitti hänelle kysymyksensä. Mies hymyili ja vastasi: "Heti nähtyäni teidät tiesin, että olette kaikki munkkeja, mutta en saanut selville, kuka teistä oli guru. Sitten katsoin millä tavalla joitte teetä. Teistä 40 joi sen aivan tavallisella tavalla, aivan kuin mikä tahansa joukko miehiä nauttimassa teetään. Sitten huomasin gurunne ja hän näytti aivan erilaiselta. Tapa, jolla hän piteli kuppiaan muistutti minua tavasta, jolla äiti pitelee lastaan. Näytti siltä kuin se olisi ollut hänelle koko maailmankaikkeuden arvokkain esine. Oli kuin hän ei olisi pidellyt lainkaan elotonta esinettä, vaan kuin metallimuki olisi ollut osa Jumalaa. Sen nähtyäni minulle oli täysin selvää, kuka oli mestari, joten menin suoraan hänen luokseen ja kumarsin häntä."

Itsetuntemuksen omaksuminen saa meissä aikaan perusteellisen muutoksen. Kun näemme itsemme ja muiden olevan yhtä, kenelle silloin voimme suuttua? Ketä voimme kadehtia tai pelätä? Ketä voimme silloin vihata?

Kirjoituksissa sanotaan:

yastu sarvāṇi bhūtānyātmanyevānupaśyati |
sarva-bhūteṣu cātāmānaṁ tato na vijugupsate ||

"Hän joka näkee kaikki olennot Itsessään ja Itsensä kaikissa olennoissa ei sen (oivalluksen) ansiosta tunne vihaa."

Isa upanishad, 6

Shankaracarya sanoo: "Tämä on vain tunnetun tosiasian toistoa. Kokemuksen mukaan kaikki vastenmielisyydet johtuvat siitä, että henkilö näkee asiat pahana ja itsestään erillään. Mutta hänelle, joka näkee pelkän puhtaan Itsen kaiken pysyvänä olemuksena, ei ole olemassa mitään, mikä voisi aiheuttaa inhoa. Näin ollen hän ei tunne vihaa."

Samoin, jos tiedämme todellisen luontomme olevan ikuinen, mitä sijaa on silloin kuolemanpelolle? Sitä paitsi, jos tiedämme olevamme kaiken autuuden lähde, miksi silloin juoksisimme maailman tarjoamien aistinautintojen perässä? Silloin olisimme täydellisessä täyteyden ja tyytyväisyyden tilassa. Tarvitsisimme yhä kehon ylläpitämiseksi ruokaa, vettä, suojaa jne. mutta emme enää hakisi maailmasta nautintoa, turvaa, onnea tai rauhaa. Olisimme kuten Krishna Gitassa sanoo: *atmanyevatmana tustah*- Itsessämme ja Itsestämme täyttyneitä[3].

Monestakin syystä luullaan, että nidhidhyasana (totuuden omaksuminen) edellyttää ympärivuorokautista meditointia jossakin Himalayan luolassa. Näin ei ole. Vaikkakin nidhidhyasanaa voi varmasti harjoittaa istumalla meditoimassa silmät suljettuina, sitä voi tehdä myös koko elämän ajan: työssä, perheen ja ystävien kanssa ollessa, syödessä, kävellessä ja puhuessa. Eikä sitä vain voi vaan pitääkin tehdä. Tätä tarkoitetaan pyhien kirjoitusten sanoin "jatkuvalla meditaatiolla". Kuten luvussa kahdeksan sanottiin,

[3] Bhagavad Gita 2.55

Amman suosittelema jatkuva mantran toistaminen "joka hengenvedolla" valmistaa mieltä jatkuvaan nidhidhyasanaan.

Nidhidhyasana on opetuksessa olemista ja siihen vakiintumista. Voi hyvinkin sulkea silmänsä ja mennä meditatiiviseen mielentilaan ja vakuuttua henkisistä totuuksista ja niiden vaikutuksista. Ei ole tärkeää keskittyä itse sanoihin vaan tiettyyn vedantan opetukseen ja syventää sen uomaa mielessään. Lopulta se on vakuuttumista ja kiinni pitämistä omasta todellisesta olemuksestaan, joka on kaiken läpäisevä, ikuinen, autuaallinen tietoisuus. Se on myös sen hylkäämistä, mitä se ei ole: rajallinen, kuolevainen, surun murtama keho ja mieli. *Nidhidhyasanan* prosessi on valmis silloin, kun samastumisen kohde on kokonaan vaihtunut. Sen sijaan, että henkilö kokisi itsensä tietoisuudella varustetuksi, kehon, mielen ja älyn muodostamaksi kokonaisuudeksi, hän kokee olevansa tietoisuus, joka on kyseisellä hetkellä ottanut kehon ja mielen. Tämän ymmärryksen pitää juurtua alitajuntaan.

Voimme jatkaa tämän tapaista ajattelutapaa maailmassa toimiessammekin. Siitä muodostuu elämämme taustamusiikkia, kappale joka soi aina jossakin pään sisällä. Muistan kuinka joku vuosia sitten kysyi Ammalta, kuinka on mahdollista muistaa Jumalaa kaiken toiminnan keskellä. Olimme silloin takaveden lähistöllä ja Amma osoitti pienessä kanootissa olevaa miestä, joka ohjasi ankkaparvea joessa. Hän sanoi: "Tuo vene on hyvin pieni. Silti mies seisoo siinä ja pitää sitä tasapainossa samalla kun hän meloo ja paimentaa ankkoja. Hän ohjaa harhailevia ankkoja äänellä, joka syntyy kun melaa isketään vedenpintaa vasten. Aika ajoin hän polttaa tupakan ja aina tarpeen tullen hän kauhoo jaloillaan vettä veneestä. Toisinaan hän keskustelee rannalla olevien ihmisten kanssa. Kuitenkin kaiken aikaa hän ajattelee venettä. Jos hänen huomiokykynsä herpaantuu hetkeksikään, hän menettää tasapainonsa, vene kaatuu ja hän putoaa veteen.

Lapset, meidän pitäisi elää maailmassa tällä tavoin. Mitä tahansa työtä teemmekin, mielemme pitäisi olla keskittynyt Jumalaan. Harjoittelemalla se on helposti saavutettavissa."

Maailmassa toimiessamme meillä on tilaisuus käyttää päivittäisiä haasteita sisäisinä vedanta-totuuksien sytykkeinä. Kun on täysin omaksunut Vedantan opit, silloin ei koskaan reagoi mihinkään tilanteeseen tavalla, joka ei ole niiden mukainen. Meidän on aina toimittava niiden totuuksien mukaan, mitä pyhissä kirjoituksissa sanotaan meidän itsemme, muiden ihmisten ja maailman jumalallisesta olemuksesta. Amma käyttää usein esimerkkinä tilannetta, jossa joku suuttuu meille ja kenties haukkuu meitä karkein sanoin. Se sijaan, että vastaisi siihen samaan tapaan, suuttumalla, nidhidhyasanan harjoittaja ajattelisi tähän tapaan: "Jos kerran minun Itseni on sama kuin hänen Itsensä, niin kenelle voin silloin suuttua? Joka tapauksessa hänen sanansa eivät voi vahingoittaa todellista olemustani, atmaa." Ja jos jostakin syystä tunnemme olomme yksinäiseksi, meidän tulisi ajatella: "Jos kerran onnen lähde on sisälläni, miten voisin olla masentunut ja yksinäinen?"

Aina mielen toimiessa negatiivisella tavalla, siihen tulisi puuttua ja hävittää negatiivisuus omaksumiamme Vedantan opetuksia hyödyntäen. Se on *nidhidhyasanan* käyttöä päivittäisessä elämässä. Jos se on hyvin sisäistetty niin silloin, vaikka saisimme tietää olevamme vakavasti sairaita, emme pelkäisi tai masentuisi. Saisimme voimaa ja rohkeutta ajattelemalla: "Tämä keho on vain vaate. Kuten olen sen päälleni pukenut, nyt on tullut aika riisua se. En ole keho. Olen ikuinen! Olen autuus! Olen tietoisuus!"

Viidennessä luvussa puhuttiin eräistä tavoista pitää yllä *karmajooga*-asennetta toiminnan aikana. Yksi Amman suosittelemista tavoista on itsensä näkeminen toiminnan välineenä, ei sen tekijänä tai työn tulosten vastaanottajana. Oikeastaan kun pääsee henkisessä elämässään *nidhidhyasana*-vaiheeseen, samaa asennetta voi edelleen käyttää toiminnan keskellä. *Nidhidhyasanassa*, kaiken toiminnankin keskellä, muistamme sen, ettemme ole keho, tunteet tai äly vaan puhdas tietoisuus. Tällöin sovellamme toimintaamme samaa ajattelutapaa, vain pienin muutoksin. Näemme kehon ja mielen itsessään elottomina kosmisen energian välineinä, "Jumalan välikätenä", mutta emme itse ole keho tai mieli tai kosminen energia vaan puhdas tietoisuus kaiken taustalla.

Näin ollen koko elämästä tulee eräänlainen koe. Läpäisemme kokeen aina, kun valitsemme vedantisen lähestymistavan. Silloin kun emme, se on muistutus siitä, että tarvitaan lisää omaksumista. Vedantan mukainen lähestymistapa ei tarkoita vain fyysistä ja verbaalista tasoa. Ne ovat myös tärkeitä, mutta tärkein on mielen taso. Jos meitä loukataan, saatamme ehkä hymyillä ulkoisesti, mutta mikä on todellinen reaktio mielessämme?

Joitakin vuosia sitten eräs iäkäs ashramin asukas sai kuulla sairastavansa parantumatonta syöpää. Hän oli 79-vuotias ja oli asunut Amritapurin ashramissa vuodesta 1987. Hänen diagnoosinsa tuli kaikille yllätyksenä ja ennuste ole selkeä: hänellä oli noin kaksi kuukautta elinaikaa. Viimeisiksi kuukausikseen hän muutti huoneeseen pienessä Amrita Kripa- hyväntekeväisyyssairaalassa. Sinä aikana sadat Amman seuraajat ja ashramilaiset vierailivat hänen luonaan jättämässä jäähyväiset. Se mitä he näkivät potilashuoneessa oli loistava esimerkki Vedantasta; iloinen, autuaassa mielentilassa oleva mies, joka sanoi ainoan toiveensa olevan, että saisi syntyä uudelleen mahdollisimman pian voidakseen auttaa Ammaa ja hänen hyväntekeväisyyshankkeitaan. Hän ei ollut lainkaan huolestunut kehostaan tai sen kärsimästä sairaudesta. Sen sijaan hän sanoi: "Tämä sairaus tarjoaa minulle täydellisen tilaisuuden harjoittaa Amman opetuksia." Näin hän vietti viimeiset kuukautensa, ottaen vierailijoita vastaan autuaallisessa mielentilassa ja mietiskellen korkeinta totuutta: sitä ettei hän ole pelkkä keho.

Amma sanoo, että tällä tavoin elämä itsessään on guru. Silloin kun elämä joskus jo muutenkin koettelee meitä, myös Amma saattaa heittää peliin vähän lisäkierroksia vain nähdäkseen, missä kulloinkin olemme menossa. Tästä muistuu mieleeni eräs länsimaalainen, jolle Amma oli antanut henkisen nimen[4]. Kyseisen henkilön henkiset harjoitukset olivat edellä mainitun kaltaisia. Amman hänelle antama nimi oli myös hyvin Vedanta-henkinen ja tarkoitti Itsen todellista luontoa. Sanotaan, että nimi oli vaikkapa "Sarva-vyapini", mikä tarkoittaa "Kaikkialla läsnä oleva". Eräänä päivänä Amma päättikin antaa toiselle henkilölle saman nimen. Kun "alkuperäinen" Sarva-Vyapini kuuli siitä, hän hurjistui täysin. Hän tuli Amman luo itkien ja sanoi: "Kun Amma antoi minulle tuon nimen, oli kuin olisimme menneet naimisiin. Kun hän sitten antoi saman nimen jollekin toiselle, se oli kuin hän olisi halunnut ottaa eron!" Kun Amma kuuli sen, hän ei voinut muuta kuin nauraa. Hän selitti kaikille ympärillä olijoille, että tyttö harrasti Itsetutkiskelua, minkä pitäisi saada meidät oivaltamaan, että Itse on kaiken läpäisevä ja että se tarkoittaa sitä, että sama Itse on sekä sinussa, että minussa. Silti hän joutui pois tolaltaan, kun Amma nimesi jonkun muun "Kaiken läpäiseväksi". Voiko muka olla kaksi "Kaiken läpäisevää"? Selvästikin tarvittiin jonkin verran lisää omaksumista.

Kun totuus on täysin sisäistetty, niin ajatusten, sanojen ja tekojen tulisi vastata tietoa todellisesta olemuksestamme. Palataksemme esimerkkiin vieraan kielen oppimisesta voidaan sanoa, että henkilö hallitsee täysin kielen voidessaan puhua sitä sujuvasti milloin vain ja sanat virtaavat vaivattomasti. Hänen ei tarvitse pysähtyä selaamaan sanakirjaa. Hänen ei ennen puhumista tarvitse ensin muotoilla lausetta äidinkielelleen ja kääntää sitä mielessään. Itsetuntemuksen täytyy olla jotakin sellaista.

[4] Pyydettäessä Amma voi antaa länsimaalaiselle sanskritinkielisen henkisen nimen.

Kun joku todella hallitsee vieraan kielen, se jopa korvaa heidän äidinkielensä, hän jopa uneksii sillä kielellä. Samaan tapaan *nidhidhyasanan* pitäisi johtaa tietoisuuteen omasta todellisesta luonnostamme, sekä valveilla ollessamme että unessa. Sen pitäisi olla siellä jopa syvän unen tilassa! Amma sanoo oman kokemuksensa olevan sen, että jopa nukkuessaankin näkee itsensä nukkuvan.

Kuinka edistystä voi mitata

Amman mukaan on kaksi tapaa, joilla voimme mitata henkistä kehitystä: kyky säilyttää mielenrauha haastavissa tilanteissa ja muiden kärsimyksen herättämä myötätunnon määrä sydämessämme. Näin siksi, että nämä ovat Vedantisten opetusten omaksumisen suoria tuloksia. Ensimmäiseksi ymmärrämme, että todellinen olemuksemme on puhdas tietoisuus ja toiseksi ymmärrämme sen, että meissä oleva tietoisuus on sama kuin kaikissa muissakin oleva tietoisuus.

Jos olen sisäistänyt ensimmäisen opetuksen oikein, silloin mikään asia elämässäni ei aiheuta stressiä. Pankkitili voi huveta tyhjiin, meille rakkaat ihmiset saattavat hylätä meidät, talo voi palaa, voimme sairastua tappavaan tautiin, menettää työpaikan jne. Mitä tahansa tapahtuukaan mielenrauhamme ei järky, koska olemme täysin omaksuneet opetuksen siitä, ettemme todellisuudessa ole keho tai mieli vaan ikuinen, autuaallinen tietoisuus. Miksi tietoisuus välittäisi siitä, ettei sillä ole rahaa? Tai siitä, jos talo palaa. Liikuttaako tietoisuutta se, jos keho sairastuu ja kuolee? Tietoisuus on ikuinen, kaiken läpäisevä ja pysyvästi autuas. Mikään ei voi vaikuttaa siihen. Ja jos olemme päässeet siihen tilaan, että samastumme tietoisuuteen, emme koskaan joudu pois tolaltamme kohdatessamme vaikeita tilanteita ulkoisessa maailmassa. Kykymme pysyä rauhallisina kaaoksen keskellä vastaa täysin sitä, miten paljon totuutta olemme omaksuneet.

Jos olemme täysin omaksuneet toisen opin – että tietoisuutemme on sama kuin kaikissa muissakin oleva tietoisuus – silloin tunnemme myötätuntoa muita kohtaan. Esimerkkinä tästä Amma usein käyttää kädessä olevaa haavaa. Kun vasen käsi on loukkaantunut, oikea käsi tulee sen avuksi, pesee haavan, pistää siihen lääkettä ja sitoo sen. Oikea käsi ei välttele vasenta kättä ajatellen: "Se on *vasen* käsi! Mitä se minua liikuttaa, mitä sille tapahtuu?" Ei, se tietää olevansa yhteydessä vasempaan käteen ja että vasen ja oikea käsi ovat osa samaa elävää olentoa. Tai jos vahingossa pistämme omaa silmää sormella, emme leikkaa sormea irti. Sormi hieroo silmää rauhoittavasti. Joten silloin, kun olemme omaksuneet yhteytemme muihin, on luonnollista, että heidän kärsimyksestään tulee meidän kärsimystämme ja heidän ilostaan meidän iloamme. Mitä enemmän koemme myötätuntoa toisten kärsimyksiä kohtaan, sitä syvemmin olemme omaksuneet totuuden.

Krishna selittää asian Arjunalle Bhagavad-Gitassa näin:

ātmaupamyena sarvatra samaṁ paśyati yor'juna |
sukhaṁ vā yadi vā duḥkhaṁ sa yogī paramo mataḥ ||

"Oi Arjuna, joogeista suurin on hän, joka suhtautuu kaikkeen mielihyvään ja kipuun, kuin ne olisivat hänen omiansa.

Bhagavad-Gita, 6.32

Amma sanoo, että osana tätä harjoitusta, meidän tulisi ainakin *ulkoisesti* reagoida vedantisella tavalla. Se tarkoittaa sitä, että vaikka emme tuntisikaan myötätuntoa, silti meidän pitäisi toimia myötätuntoisesti. Emme ehkä kykene oikeasti tuntemaan toisten kärsimystä, mutta meidän tulisi silti auttaa heitä kaikin mahdollisin keinoin.

Amma sanoo, että tähän tapaan toimintaamme laajentamalla mielikin avartuu. Epäilemättä se on eräs vaikutin Amman hyväntekeväisyystoiminnan taustalla. Köyhien, sairaiden ja kärsivien auttaminen on tärkeää Ammalle, mutta hän haluaa myös luoda oppilailleen ja seuraajilleen tilaisuuksia osallistua heidän mieltään kehittävään toimintaan.

Toiminta vai toimettomuus

Monet luulevat erheellisesti, että *jñanajooga* tarkoittaa toiminnasta luopumista. Jopa jo muinaisina aikoina se herätti hämmennystä. Gitassa Krishna sanoo selkeästi Arjunalle:

kim karma kim-akarmeti kavayo'pyatra mohitāḥ |

"Mitä on toiminta? Mitä toimettomuus?
Vastaus siihen on epäselvä jopa viisaillekin."

Bhagavad-Gita, 4.16

Sitten Krishna jatkaa selittämällä, että "toiminnasta luopumisella" tarkoitetaan luopumista, keho-mieli-käsitteestä. Se ei tarkoita kirjaimellisesti toimettomuutta. Krishna selittää sen seuraavassa hieman arvoituksellisessa säkeessä:

karmaṇya karma yaḥ paśyedakarmaṇi ca karma yaḥ |
sa buddhimān-manuṣyeṣu sa yuktaḥ kṛtsna-karma-kṛt ||

"Hän joka näkee toimettomuuden toiminnassa ja toiminnan toimettomuudessa, on viisas ihminen, hän on joogi ja saavuttaa kaiken."

Bhagavad-Gita, 4.18

Se tarkoittaa sitä, että henkistä näkemystä omaava henkilö tietää, että vaikka keho toimii ja mieli ajattelee, niin tietoisuus, hänen todellinen olemuksensa, pysyy toimettomana. Käänteisesti hän taas ymmärtää sen, että vaikkakin henkilö vaikuttaisi toimettomalta esimerkiksi nukkuessaan, meditoidessaan tai paikallaan istuessaan, jos hän vielä samastuu kehoonsa ja mieleensä, hänen on ylitettävä toiminnan taso.

Henkisessä elämässä tavoiteltavasta "toimettomuudesta" Krishna sanoo lopuksi:

karmaṇyabhipravṛttopi naiva kiṁcit-karoti saḥ ||

"Vaikka viisas toimii, hän ei toimiessaan tee mitään."
Bhagavad-Gita, 4.20

Amma on koko elämänsä ajan yrittänyt korjata sitä väärinkäsitystä, että henkisen elämän huipentuma olisi jonkinlainen jähmettyneessä tilassa istuminen ja tyhjäntoimittaminen. Puheissaan hän tekee säännöllisesti pilaa niin kutsutuista Vedantisteista, jotka julistavat: *aham brahmasmi*, minä olen Brahman, mutta valittavat, jos eivät saa ruokaa ja teetä ajallaan. Hän kutsuu heitä kirjatoukka- vedantisteiksi. Sen lisäksi, että heidän tietämyksensä rajoittuu vain heidän kirjoista lukemaansa, he myös pilaavat lukemiensa pyhien kirjojen hengen omalla tekopyhyydellään. Todellisen vedantistin puheet ilmenevät hänen toiminnassaan.

Ilman pätevän gurun johdatusta voimme helposti langeta nokkelan egomme pauloihin ja alkaa manipuloida pyhien kirjoitusten sanomaa omia mieltymyksiämme ja vastenmielisyyksiämme vastaaviksi. Eräs pappi jäi kiinni ylinopeudesta. Kun poliisi käveli auton ikkunan luo, hän sanoi: "Autuaita ovat laupiaat, sillä heidät armahdetaan." Poliisi ojensi sakkolapun ja vastasi: "Mene, äläkä tee enää syntiä."

Amman sanoin todellinen Brahmanin tuntija on nöyrääkin nöyrempi, sillä hän näkee jumalallisen kaikessa. Emmekö näekin tämän Ammassa? Devi Bhavassa hän heittelee ruusun terälehtiä kaikkien päälle. Miksi? Me pidämme sitä eräänlaisena siunauksena, mutta Amman näkökulmasta hän yksinkertaisesti palvoo Jumalaa uhraamalla kukkia tuhansille jumalallisen ilmentymille. Kuten Amma itse kerran vastasi toimittajalle, joka kysyi, palvovatko hänen seuraajansa häntä: "Ei, ei, se on päinvastoin. Minä palvon heitä." Amman nöyryys kumpuaa siitä, että hän todella ymmärtää, ettei vain hän ole Brahman vaan niin ovat myös kaikki muutkin. Siksi näemme Amman jatkuvasti kumartamassa hänelle annetuille esineille, seuraajilleen ja vierailijoille, hänelle annetulle vesilasille ja aivan kaikelle. Valitettavasti näemme monien harhautuneiden etsijöiden ylpistyvän jokaisen oppimansa *upanishadin* myötä. Vika ei ole kirjoituksissa, vaan niiden lukijoissa. Amma sanoo joskus leikkisästi, että vedantisti, joka ei osaa elää opetustensa mukaisesti on kuin rampa, jolle on annettu nimeksi Nataraja tai kierosilmäinen nainen nimeltä Ambuja.[5]

Muistan kuinka eräs uusi brahmachari kerran kysyi Ammalta, tuleeko aika jolloin henkilön tulee lopettaa toiminta vai loppuuko se itsestään. Tuhotakseen täydellisesti tämän nuoren miehen väärinkäsityksen Amma sanoi: "Sri Krishna ei koskaan lakannut toimimasta, ei myöskään Amma. Toiminnasta ei tule luopua vaan siitä käsityksestä, että on keho, joka toimii."

Enemmän kuin korjatakseen väärinkäsityksen puheen tasolla, Amma tekee sitä elämässään. Amman joka sanasta, katseesta ja eleestä välittyy korkein oivallus. Hänen ymmärryksensä taso on virheetön. Ammalle ei ole olemassa muuta kuin jumalallinen autuus. Vuoret, taivas, aurinko, kuu, tähdet, ihmiset, eläimet ja hyönteiset ovat kaikki Ammalle kuin tietoisuuden timantin monet eri särmät, joiden hän tietää olevan osa omaa Itseään. Tosiasiassa Amma voisi halutessaan helposti sulkea silmänsä ja olla välittämättä sellaisista pikkuasioista kuin nimistä ja muodoista, antaen niille vähemmän arvoa kuin laajalla taivaalla liikkuville

[5] Yleisiä Intialaisia nimiä. Nataraja, joka on eräs Shivan nimistä, tarkoittaa "Tanssin jumalaa". Ambuja on yksi Devin nimistä ja tarkoittaa "Lootussilmäistä".

pilvien hahmoille. Kuitenkaan hän ei tee sitä, eikä koskaan tule tekemäänkään. Sen sijaan hän laskeutuu niiden tasolle, joiden vielä tulee saavuttaa se ymmärrys. Hän pitää meitä sylissään, kuivaa kyyneleemme, kuuntelee huoliamme ja hitaasti mutta varmasti, kohottaa meidät. Ammalle sellaiset teot eivät itse asiassa ole tekoja lainkaan. Vaikkakin hän omistaa elämänsä jokaisen hetken ihmiskunnan auttamiseen, sydämessään hän tietää olevansa, nyt ja aina, toimettomuuden tilassa. Ammalle tämä on Vedantaa.

10. Luku

Valaistuminen jo elinaikana ja sen jälkeen

"Valaistuminen ei ole jotakin sellaista, joka saavutetaan kuoleman jälkeen, eikä mitään sellaista, mikä voidaan kokea tai saada vasta jossakin toisessa maailmassa. Se on täydellisen tietoisuuden ja mielenrauhan olotila, joka voidaan kokea tässä ja nyt, tässä maailmassa ja vielä kehossa oltaessa. Saavutettuaan korkeimman olotilan, ykseyden tilan Itsen kanssa, näiden siunattujen sielujen ei tarvitse enää syntyä uudelleen. He sulautuvat rajattomaan tietoisuuteen."

—Amma

Kun olemme täysin omaksuneet atma jnanan (Itsetuntemuksen) tilan, olemme saavuttaneet henkisen elämän huipun, päässeet surun ja kärsimyksen yläpuolelle. Kun olemme ymmärtäneet sen, ettemme ole keho, mieli tai äly vaan kaikkialla läsnä oleva, ikuinen, autuaallinen tietoisuus, ei ole enää mitään sijaa kärsiä kaikennäköisistä ihmiskuntaa piinaavista hengen ja mielen häiriöistä. Ymmärrettyään oman Itsensä olevan kaiken autuuden lähde, mitä silloin voi enää haluta? Nähdessään jokaisessa oman Itsensä, kenelle silloin voisi suuttua? Ketä kadehtia? Maailman suhteen ei silloin ole enää mitään harhaa. Meistä tulee ikuisesti vapaita ja autuaita. Samastumisen kohteen pitäisi muuttua pysyvästi. Sen jälkeen emme koskaan enää voi nähdä maailmaa kuten ennen. "Viisauden silmä" on avautunut, eikä sitä voi koskaan enää sulkea.

Tätä voidaan verrata piilokuviin, joissa yksi kuva on toisen sisällä. Aluksi näemme sen, mikä on itsestään selvää, esimerkiksi metsän. Vaikka katsoisimme kuinka tarkkaan tahansa, emme voi nähdä miehen kasvoja puiden lomassa. Muut seisovat takanamme sanoen: ”Mitä oikein tarkoitat? Et muka *näe* sitä? Se on siellä.” Mutta näemme yhä pelkästään metsän. Vaikka kuinka yrittäisimme, näemme vain puita. Mutta sitten, yhtäkkiä, näemmekin sen: miehen kasvot. Sen jälkeen aina kuvaa katsoessamme näemme miehen kasvot puiden keskellä. Sitten tulee joku muu ja yrittää tuloksetta nähdä sen, mutta nyt itse olemme takana seisovassa ryhmässä sanomassa: ”Sehän on ihan selvää. Se on juuri tuossa, miten et voi nähdä sitä?” Sellainen on myös Itseoivallus; kun tieto on kerran omaksuttu, paluuta ei enää ole. Olemme ikuisessa vapauden ja rauhan tilassa. Tätä tilaa kutsutaan *jivanmuktiksi,* elinaikana saavutetuksi valaistumiseksi.

Jivanmukti on muutos ymmärryksessä, ei fyysisessä näkökyvyssä. Henkilö kyllä näkee yhä kaksinaisuuden maailman; vuoret, joet, puut, vanhukset, nuoret, miehet, naiset jne. mutta hän on pysyvästi ymmärtänyt sen, että ne ovat vain muuttuvaisia nimiä ja muotoja; ikuisen, puhtaan tietoisuuden heijastumia. Se on kuin tuo edellä mainittu kuva kuvassa. Ei ole niin, että kun vihdoin pystymme näkemään kuvassa kasvot, emme enää näkisi puita. Voimme yhä nähdä ne, mutta miehen kasvot katsovat myös sieltä. Amma vertaa usein tätä näkemystä siihen, että kultakorujen voi aina tietää koostuvan kullasta. Ymmärrämme sen, mutta silti muistamme kunkin korun oman tehtävän. Varvasrenkaat pistetään varpaisiin, nilkkarenkaat nilkkoihin, kaulakoru kaulaan, rannerenkaat ranteisiin, korvakorut korviin ja nenärengas nenään. Sen lisäksi tiedämme niiden olevan kultaa ja sen vuoksi pidämme niitä arvokkaina ja säilytämme niitä huolella. Emmekö näekin saman Ammassa? Hän näkee kaikki eroavaisuutemme ja suhtautuu eri persoonallisuuksiimme ja mielen tiloihimme yksilöllisesti, mutta näkee aina meissä olevan kullan. Näin ollen hänen silmissään jokainen meistä on yhtälailla arvokas. Tällä tavalla jivanmukta näkee häntä ympäröivän maailman. Näin *Jivanmuktaa* kuvataan Bhagavad-Gitan säkeessä, joka perinteisesti lausutaan ennen ruokailua:

brahmārpaṇaṁ brahma havir brahmāgnau brahmaṇā hutaṁ |
brahmaiva tena gantavyaṁ brahmakarma samādhinā ||

"Lusikka/kauha on Brahman, uhrilahja on Brahman, Brahman uhraa ne Brahman- tuleen;
Brahmaniin päätyy hän, joka kokee vain Brahmanin teoissaan."

Bhagavad-Gita, 4.24

Tämän säkeen kauneus on siinä, että Vedisen rituaalin kaikki elementit kuvataan pelkäksi tietoisuudeksi; toiminnan väline (kuten tässä kauha tai lusikka), toiminnan kohde (puja), tekijä (rituaalin suorittaja) ja toiminnan paikka (rituaalinen tuli, jolle uhrataan). Meidän olisi tarkoitus soveltaa samaa näkemystä kaikkiin välineisiin, kohteisiin, subjekteihin, paikkoihin ja toiminnan tuloksiin, toisin sanoen kaikkeen auringon alla. Lausuessamme tätä säettä ennen ruokailua *nidhidhyasanan* (omaksumisen) muotona, muistutamme itseämme siitä, että lusikka on Brahman, ruoka on Brahman, syöjä on Brahman, ruoansulatuselimet ovat Brahman ja syömisestä saatu nautinto on myös Brahman. Miljoonat ihmiset kautta maailman toistavat tätä *mantraa* aina ennen ruokailua, mutta kuinka monet pohtivat sen merkitystä? Vähälläkin tiedostamisella toistettuina tällaiset mantrat voivat olla voimakas muistutus todellisesta olemuksestamme.

Esimerkin inspiroiva vaikutus

Me Amman lapset olemme onnekkaita muun muassa siksi, että Ammassa meillä on esimerkki valaistuneesta sielusta. Amman jokainen sana ja teko voi muistuttaa ja inspiroida meitä kulkemaan kohti elämän todellista päämäärää. Jos lapsi varttuu sellaisessa ympäristössä, missä kukaan ei ole koskaan oikein pärjännyt, hänenkin on vaikea uskoa, että hänestä olisi mihinkään. Mutta jos joku naapureista jollakin tapaa pääsee ympäristöstään vapaaksi ja hänestä tulee esimerkiksi presidentti, se olisi suurenmoinen esimerkki kaikille muille. Aivan kuin silloin, kun Roger Bannister juoksi neljän minuutin mailin. Sitä ennen oli vallalla uskomus, ettei kukaan voisi juosta mailia neljässä minuutissa. Kun sitten Bannister teki sen vuonna 1954, monet muut seurasivat perässä. Elävän esimerkin vaikutusta ei pitäisi koskaan aliarvioida.

Näin ollen, jo pelkästään valaistuneen olennon *näkeminen* saa aikaan muutoksen. Amman katselu ja tarkkailu, hänestä säteilevä rakkaus, hänen myötätuntoinen hymynsä ja hellä katseensa, saavat ehdottomasti aikaan muutoksen. Miksi? Siksi että näemme edessämme elävän todisteen omasta potentiaalistamme. Ennen kuin tapaamme jonkun sellaisen kuin Amma, voiko meitä syyttää siitä, että uskomme itseoivalluksen olevan vain myyttien ainesta?

Ammassa näemme henkilön, joka elää täydellistä atma jnanaa. Hänessä ei ole vihaa, ei kateutta eikä itsekkäitä haluja, vain myötätuntoa kaikkia kohtaan ja ulkoisista olosuhteista riippumatonta rauhaa ja onnea. Ne ovat kaikki lähtöisin hänen kristallinkirkkaasta ymmärryksestään siitä, mitä hän on ja mitä hän ei ole.

Todellinen vapaus

Nykypäivänä monet puhuvat vapaudesta. Kukaan ei halua, että heille sanotaan, mitä pitää tehdä. Haluamme tulla ja mennä oman mielemme mukaan. Haluamme päättää itse miten pukeudumme ja leikkaamme hiuksemme. Haluamme itse valita ystävämme ja puolisomme ja kenestä otamme eron jne. Eräällä tapaa vapautta tehdä sellaisia päätöksiä voitaisiin kutsua vapaudeksi. Mutta olemmeko todella vapaita? Tarkemmin ajateltuna, tulemme huomaamaan, että kaikki nuo henkilökohtaiset valinnat on tehty siksi, että henkilö on omien mieltymystensä ja vastenmielisyyksiensä orja. Jos kerran todellinen olemuksemme on jotakin muuta kuin mieli, eikö silloin olekin outoa, että annamme mielen hallita elämäämme?

Amma osoittaa meille sen, että vaikkakin voimme olla "vapaita" toimimaan mieltymyksiemme ja vastenmielisyyksiemme mukaan, emme ole vapaita silloin, kun tulee aika ottaa kyseisten tekojen hedelmät vastaan. Saatamme esimerkiksi leikata hiuksemme irokeesiin ja värjätä sen violetiksi, mutta sitten kun kaikki nauravat meille, olemmeko vapaita päättämään miten suhtaudumme siihen? Ei, silloin tulemme surullisiksi, vihaisiksi, meitä hävettää jne. Meiltä puuttuu vapaus vastata pilkantekoon ilolla. Joten Amma sanoo, että vapautemme on parhaimmillaankin rajoittunutta. Jivanmukta sitä vastoin on vapaa päättämään siitä, miten hän toimii sekä siitä, miten hän vastaa toimintansa tuloksiin.

Muistan erään Amman kertoman vitsin. Hän oli nähnyt joidenkin amerikkalaisten irokeesipäiden tulevan darshaniin ja sanoi: "Tänä päivänä vanhat ihmiset näkevät nuorten rajut kampaukset ja nauravat. Samoin nuoret näkevät vanhusten perinteiset kampaukset kuten *sikhan* (päälaelle jätetty hiustupsu) ja nauravat. Sitten molemmat, vanhat ja nuoret nauravat nähdessään *sanjaasin* ajellun pään. Siispä henkisessä elämässä meidän pitäisi olla kuin kaljuksi ajeltu pää ja uhrata itsemme muiden onnellisuuden hyväksi."

Vasta sitten kun saavutamme *jivanmuktin* tilan, emmekä enää samastu mieleen, voimme sanoa olevamme todella vapaita. Siinä tilassa vanhat muistijäljet eivät enää hallitse meitä. Ei tietenkään ole niin, että meistä tulisi joku imbesilli, joka ei muista, että tuli polttaa kun siihen koskee. Enemminkin voimme kohdata jokaisen kokemuksen ilman mieltä hallitsevia ennakkokäsityksiä. Näemme sen, että elämämme ei enää keskity omien asioiden tavoitteluun vaan niiden tavoittelemiseen muille. Se keskittyy antamiseen eikä ottamiseen. Aikaisemmin teimme töitä omien materiaalisten saavutustemme eteen. Nyt se sijaan työskentelemme ilomielin muita varten. Ennen noudatimme *dharmaa* oman valaistumisemme takia. Nyt noudatamme sitä ollaksemme valaisevana esimerkkinä maailmalle, tuodaksemme onnea ja rauhaa muille. Kuten Krishna sanoo:

saktaḥ karmaṇyavidvāṁso yathā kurvanti bhārata |
kuryādvidvāṁstathāsaktaḥ cikīrṣurloka-saṁgraham ||

"Kuten valaistumaton toimii takertuneisuudesta tekoihin niin, oi Arjuna, pitäisi valaistuneen toimia takertumatta ja haluten sitä, mikä on parasta maailmalle."

Bhagavad Gita, 3.25

Amma sanoo, että hän on syntymästään saakka ollut täysin tietoinen omasta jumalallisesta olemuksestaan. Voimme nähdä sen hänen toiminnassaan. Koskaan ei ole ollut ketään yhtä dharmista henkilöä. Jo pikkutyttönä hän auttoi köyhiä ja sairaita ottaen maailmasta niin vähän kuin mahdollista ja samalla antaen kaikkensa. Tänä päivänä hän on omistanut koko elämänsä ihmisten siunaamiseen henkilökohtaisesti darshanillaan. Sen lisäksi hän johtaa kansainvälistä hyväntekeväisyysjärjestöä. Hänen vastuullaan on hyväntekeväisyyssairaaloita, saattohoitokoteja, orpokoteja, vanhainkoteja, koulutuslaitoksia, taloprojekteja kodittomille, sosiaaliavustusohjelmia, lääkintäleirejä ja katastrofiapua – lista on loputon.

Mikään näistä ei ole peräisin jostakin Amman tuntemasta tyhjyyden tunteesta, jota hän yrittää täyttää tekemällä hyviä tekoja. Ne ovat peräisin hänen aidosta, epäitsekkäästä halustaan inspiroida maailmaa omalla esimerkillään. Tähän tapaan jivanmukta viettää koko loppuelämänsä autuaallisessa tilassa, yrittäen palvella ja kohottaa kanssaihmisiään. Sen ymmärtäminen että kaikki ulkopuolisesta maailmasta haettu onni tuleekin sisältäpäin, ei suinkaan tarkoita sitä, että ihminen lakkaisi toimimasta. Kun hän ymmärtää kynänsä olevan kirjoitustikun sijasta omalla mustesäiliöllä varustettu täytekynä, jatkaako hän silloin vielä sen kastamista musteeseen? Tietenkään ei. Mutta hän jatkaa kirjoittamista. Näin on jivanmuktan laita.

Videha-mukti

Kirjoituksissa sanotaan, että elämänsä lopussa jivanmukta saavuttaa *videha-muktin.* Videhamukti tarkoittaa "vapautta kehosta." Jotta voisi täysin ymmärtää sen, meidän on ensin tarkasteltava, miten käy sellaisen henkilön kuollessa, joka ei ole saavuttanut itseoivallusta.

Pyhimykset ja tietäjät kertovat, että ihmiselämä, tämänhetkinen ja tulevat ovat omien tekojemme seurausta. Amma sanoo, että teoillamme on kahdenlaiset seuraukset, näkyvät ja näkymättömät. Näkyvät tulokset ovat seurausta yhteiskunnassa vallitsevista säännöistä sekä luonnon ja fysiikan laeista. Näkymättömät tulokset ovat seurausta hienovaraisista laeista ja perustuvat tekojemme taustalla oleviin motiiveihin. Jos motiivi on ollut jalo ja epäitsekäs, silloin sen tuottama näkymätön tulos on *punya.* Jos taas motiivi on ollut epäjalo, itsekäs ja muille vahingollinen, tulos tulee olemaan negatiivinen, *papa.* Näkyvät tulokset seuraavat enemmän tai vähemmän välittömästi. Näkymättömien seurausten alkamisajankohtaa ei voi päätellä. Ne tulevat omalla ajallaan, ehkäpä tässä, ehkä seuraavassa elämässä, ilmeten joko suotuisina tai epäsuotuisina olosuhteina.

Annanpa tästä esimerkin. Jos tönäisen miestä, näkyvänä seurauksena hän liikkuu työntöni määräämään suuntaan. Sanotaanpa vaikka, että työnsin hänet junasta, koska halusin satuttaa häntä. Tässä tapauksessa motiivini oli väärä ja ajan mittaan se taatusti tuottaa negatiivisen tuloksen. Ehkä seuraavassa elämässä joku työntää minut liikkuvasta junasta. Toisaalta, jos olin työntänyt hänet junasta siksi, että juna oli räjähtämäisillään ja halusin pelastaa hänen henkensä, se olisi positiivinen teko, joka ajan mittaan tuottaa positiivisen tuloksen. Ehkäpä joku pelastaa minut vaarasta jonakin päivänä.

Tekomme tallentuvat koko elämän ajan. Kuten Amma sanoo: ”Elinaikanamme kaikki ajatuksemme ja tekomme rekisteröidään hienovaraiselle tasolle, kuin nauhuriin. Elinaikana kerättyjen teonjälkien mukaan *jiva* (yksilö) ottaa uuden kehon, jossa kaikki nauhoitettujen tekojen jäljet ilmentyvät.”

Nauhoitetut karmat on lajiteltu kolmeen eri kategoriaan: *prarabdha karma, sancita karma* ja *agami karma.* Sancita karma on kaikkien karmojemme, sekä hyvien että huonojen muodostama kokonaisuus. Siihen kuuluvat kaikkien niiden tekojen jäljet, joita olemme tehneet lukemattomien eri elämien aikana. Prarabdha karma on karmavarastostamme tähän elämään valikoitunut karma. Prarabdha karma määrittelee sen, minne ja millaisille vanhemmille synnymme, sisaruksemme ja fyysisen olemuksemme. Se myös määrittää sen, millä tavalla kuolemme. Agami-karma on tämän elinajan tekojen summa. Jotkut niistä saattavat ilmetä jo tässä elämässä ja loput lisätään kuoltuamme sancita-karma-varastoon.

Voimme helposti nähdä, ettei tälle kehälle ole loppua näkyvissä. Ei voida puhua karman päättämisestä, sillä sitä syntyy päivittäin kaiken aikaa lisää. Näin ollen käsite karman loppuun polttamisesta on tässä yhteydessä virheellinen. Se ei ole mahdollista. Valaistumattoman sielun tie on jatkuvaa syntymän ja kuoleman kiertokulkua, mitä kutsutaan *samsaaraksi*. Jivanmukta sen sijaan voi päästä karmasta vapaaksi. Pyörä saattaa silti vielä jatkaa pyörimistään, mutta hän hyppää siitä pois. Hän pystyy tekemään sen, koska hän on muuttanut samastumisen kohteensa kehosta, mielestä ja älystä tietoisuuteen. Tietoisuudessa ei ole egoa, ei tunnetta erillisestä yksilöstä, joka tekee sitä ja tätä tai nauttii jostakin. *Punya* [*punja*] ja *papa*, ansiot ja "synnit", ovat olemassa vain silloin, kun yksilö toimii egosta käsin. Välittömästi itseoivalluksen saavutettuaan henkilö lakkaa luomasta uutta karmaa.

Toisin kuin me muut, valaistunut ei kuoltuaan enää synny uudelleen. Koska hän on jo kehossaan eläessään samastunut tietoisuuteen, hänellä ei ole mitään, minne mennä kuoleman jälkeen. Hän vain sulautuu korkeimpaan todellisuuteen, jonka kanssa hän jo oli yhtä. Vaikka hänen *sancita-karma*-varastossaan olisi ikuisuuksien verran karmaa jäljellä, *sancita-karmalle* ei ole enää kohdetta. Selittäessään asiaa, Amma käyttää usein esimerkkinä kattotuuletinta. Vaikka virta olisi jo sammutettu, tuuletin jatkaa silti pyörimistään vielä hetken. Ihminen on ylipäätään elossa pelkästään *prarabdha-karman* ansiosta. Pradabdha-karma on se tekijä, joka enemmän tai vähemmän määrittää kuolinaikamme ja tavan jolla kuolemme. Vedämme viimeisen hengenvetomme prarabdha-karman päätyttyä. Koska jivanmukta samastuu tietoisuuteen, eikä kehoon, praradbhalla ei ole paljonkaan vaikutusta häneen. Fyysinen kipu on fyysistä kipua ja se hänen pitää kärsiä, mutta hänen ymmärryksensä siitä, että hän ei ole keho, vähentää kipua suunnattomasti. Lisäksi Amma sanoo, että hän voi tahdonvoimallaan irrottaa mielensä aisteista.

Ajatellessamme omaa elämäämme, huomaamme, ettei fyysinen kipu suinkaan ole suurin syy kärsimykseemme. Enimmäkseen se on emotionaalinen kipu, joka tulee fyysisen kivun vanavedessä: pelko, stressi ja huoli. Ajatellaan esimerkiksi, että eräänä päivänä ollessani matkalla töistä kotiin, kimppuuni hyökätään. Hyökkääjä lyö minua päähän ja vie lompakkoni. Fyysinen kipu ei ole niin kamalaa, muutamassa päivässä voin jo paremmin. Mutta pelko jää asumaan mieleen vuosiksi, jopa loppuelämäksi. Tai ehkäpä saan tietää olevani kuolemansairas. Voi olla, että tauti alkaa osoittaa oireita vasta vuosien kuluttua, mutta silti pelko ja jännitys tulevaisuudesta ovat läsnä jatkuvasti ja tuhoavat kyvyn nauttia elämästä. Jivanmukta tuntee kivun nykyhetkessä, mutta ei sitä edeltävää ja seuraavaa ahdistusta ja pelkoa.

Toisesta näkökulmasta katsottuna voidaan ajatella, ettei jivanmuktalla ole lainkaan prarabdhaa. Miten näin voidaan sanoa? Siksi että jivanmukta ei millään tavalla pidä itseään kehona. Hän käsittää itsensä vain ja ainoastaan ikuiseksi, autuaaksi tietoisuudeksi. Tietoisuudella ei ole prarabdha-karmaa, ei ole koskaan ollut eikä tule koskaan olemaan. Hänelle, joka todella samastuu atmaan, ei ole olemassa "vapautusta" tai "kahleita". Kuulostaa hiukan omituiselta, mutta *atma jnanan* tilassa oivaltaa sen, ettei ole ollut kahlittu alun alkaenkaan. Tietoisuutta ei voi koskaan kahlita. Tässä suhteessa vain valaistumattoman henkilön näkökulmasta katsottuna jivanmuktin ja videhamuktin välillä on ero. Atma jnanan saavuttanut ymmärtää olevansa "kehosta vapaa" vielä elossa ollessaankin. Hänelle kaikki kehot ovat yhtä. Hän ei samastu "omaan" kehoonsa sen enempää kuin muidenkaan. Kuten hän sen näkee, hän ei ole kehossa vaan kaikki kehot ovat hänessä. Tätä Amma tarkoittaa sanoessaan: "Tätä näkyväistä muotoa ihmiset kutsuvat nimellä 'Amma' tai 'Mata Amritanandamayi', mutta siinä asuvalla Itsellä ei ole nimeä tai osoitetta. Se on kaiken läpäisevä."

Tämä ymmärrys tulee valkenemaan meille kaikille. Sekä kirjoitukset että Amma lupaavat sen meille. "Se on vain ajan kysymys", sanoo Amma. "Jotkut ovat jo valaistuneet, toisille se tapahtuu minä hetkenä hyvänsä ja muille myöhemmin. Älä kuvittele, ettei se koskaan tapahtuisi sinulle vain siksi, ettei se ole tapahtunut vielä tai ehkä ei tapahdu edes tässä elämässä. Sisälläsi on suunnaton tieto, jotka vain odottaa lupaasi tulla esiin."

Ei ole mitään arvokkaampaa kuin elävän *satgurun* kuten Amman läsnäolo ja opetukset. Siinä suhteessa, meidän jokaisen elämä on armon läpäisemä. Se kuinka paljon itse avaudumme tuolle armolle, on meistä itsestämme kiinni. Meidän "lupamme avautua" on vilpittömyytemme, kuinka paljon yritämme saattaa mielemme samalle taajuudelle Amman kanssa, halumme sitoa elämämme Amman yhteyteen ja sulattaa itsekkyytemme hänen epäitsekkääseen jumalalliseen tahtoonsa. Kun teemme tämän, saamme huomata, että Amma nopeuttaa avautumistamme ja rohkaisee meitä eteenpäin tällä ajattomalla tiellä.

||oṁ lokāḥ samastāḥ sukhino bhavantu||

"Om, olkoot kaikki olennot kaikissa maailmoissa onnellisia."

Sanskritin kielen ääntämisohjeet

"Jumala ymmärtää sydäntämme. Isä tietää että hänen lapsensa rakastaa häntä ja kutsuu häntä, vaikka sanoisi "isän" sijasta "itä". Samoin antaumus ja keskittyminen ovat kaikkein tärkeintä."

—Amma

Kaikki sanskritin vokaalit, lyhyet (*a, i, u*) että pitkät (ā, ī, ū), äännetään hiukan lyhyempinä kuin suomalaiset vastaavat vokaalit. Vokaalit *e* ja *o* lausutaan sanskritin kielessä aina pitkinä. Kirjain *ṛ* on vokaali sanskritin kielessä ja lausutaan kuten *r*. Kirjan *y* on semivokaali ja lausutaan lähinnä kuten *j*. Vokaaliyhdistelmät lausutaan kuten on kirjoitettu, esim. *au*, *ai*, jne. Kirjain ṁ - on nenäsointuinen m. Kirjain ḥ - *h*, johon liitetään sen ollessa rivin lopussa sitä edeltävän konsonantin edessä oleva vokaali. Esim. *hariḥ* lausutaan *harihi*, *namaḥ*, *namaha*, jne. Ja rivin keskellä kuten *h*. Esim *om namaḫ shivaya* ja *om lalitambikayai nam<u>aha</u>.*

Kirjaimet k, kh, g, gh, c, ch, j, jh, lausutaan pehmeämmin kuin suomenkielessä. Äänteen on tultava kitalaen takaosasta. Huomioi, että c lausutaan pehmeänä kuten suomen kielen aakkosia äännettässä: abc..., ja ei koskaan kovana kuten k.

ṅ - lausutaan kuten pehmeä *ng*

ñ - kuten *nj*

ḍ - voimakas *d*, jossa kieli painetaan kitalakea vasten

ṭ - *d*:n ja *t*:n välimuoto, jossa kieli painetaan hampaita vasten.

ṇ - kuten *n* ruotsin kielen sanassa *urna* (kieli kitalakea vasten)

y - kuten *j*

v - kuten kuten *w* englannin sanassa *when* (lausutaan *ue*)

ṣ - kuten *sh*

ś - kieli hiukan rullattuna painetaan keveysti yläientä vasten

Kahden konsonantin kohdalla tuplakonsonantti äännetään tuplasti ja yhdistelmäkonsonantit sen mukaan mitä ne esittävät.

Esim. *Om nitya klinnayai namah* äännettään *oom nitja klinnaajee namaha*. Poikkeuksena *jñ*, joka äännetään kuten *nj* esim. *jñana* lausutaan *njaana*.

Sanasto

Tekstissä (lukuunottamatta sanskritinkielisiä säkeitä) Olemme säilyttäneet useimpien sanskritinkielisten termien englanninkielisen kirjoitusasun. Yleisesti ottaen sanat ääntyvät suomenkielen mukaan. Poikkeuksia ovat: j - joka äännetään kuten z, paitsi jn-yhdistelmä,joka äännetään jn:n ja g:n väliltä. Y-kirjain äännetään j:ksi (esim. sannyasi=sanjaasi), ja c yleensä kuin ts. Toisinaan e ja a -kirjaimet äännetään hieman pitemmiksi. Nämä ohjeet ovat suuntaa antavia.

Aadi Shankaracharya: *Mahatma* (suuri sielu), Advaita Vedantan filosofisen koulukunnan perustaja. Hänen merkittävimpiin töihinsä kuuluu 10 upanishadin, Bhagavad Gitan ja Brahma Sutrien selitykset.
aarati: rituaalinen palavan kamferin liikuttaminen myötäpäivään patsaan, kuvan tai *mahatman* edessä.
adityasit: puolijumalat, Kasyapan ja Aditin lapset.
agami karma: tämän elämän aikana kerätyt hyvät ja huonot ansiot.
Ahimsa: väkivallattomuus
akasha: eetteri, avaruus, tila; yksi peruselementeistä
Amrita Niketan: Mata Amritanandamayi Mathin ylläpitämä orpokoti, joka sijaitsee Parippallissa, Kollamin piirikunnassa, Keralassa.
Amritapuri: Amman pääashram, joka sijaitsee Parayakadavussa, Alappat Pancayatin alueella, Kollamin piirikunnassa, Keralassa.
Anadi: ilman alkua.
ananta: rajaton, ääretön.
anatma: " ei-Atma", se mikä on jotakin muuta kuin Itse; mikä on altis muutoksille.
anjali mudra: kunnioittava tervehdys, missä kämmenet painetaan vastakkain tavalla, joka symboloi lootuskukan nuppua.
aparigraha: keräämisestä ja hamstraamisesta ja kaiken sellaisen haalimisesta pidättyminen, mikä ei ole välttämätöntä elämiseen. Yksi Patanjalin *ashtanga-jooga* järjestelmän viidestä *yamasta.*
archana: rituaalinen palvontameno mantroja lausumalla. Amman ashramissa se tarkoittaa Amman 108:n ja nimen ja Lalita Sahasranaman lausumista.

Arjuna: eräs Mahabharatan keskeisistä hahmoista. Hänestä tulee Krishnan oppilas ja ottaa vastaan Krishnalta Bhagavad Gitan opetuksen.

arta bhakta (arta): henkilö, jonka antaumus Jumalaa kohtaan perustuu rukouksiin vaikeuksien poistamiseksi.

artharthi bhakta (artharthi): henkilö, jonka antaumus perustuu rukouksiin saada toiveensa täytetyiksi.

asana: istuma-asento tai alusta, jooga-asento.

ashram: Hinduluostari, missä *guru* elää oppilaidensa kanssa tai yksi elämänvaihe.

ashtanga jooga: Tietäjä Patanjalin jooga- järjestelmä: " kahdeksan askeleen jooga"

asteya: varastamisesta pidättyminen, kolmas Patanjalin *ashtanga-joogan* viidestä *yamasta.*

atma: Itse, ikuinen, autuaallinen tietoisuus, joka valaisee ja läpäisee mielen, kehon ja universumin.

atma-anatma viveka: erottelu *atman* (muuttumaton) ja sen mikä ei ole *atmaa* (kaikki se mikä on muutokselle altista) välillä.

atma-jnana: Itsetuntemus.

atma samarpanam: täydellinen antautuminen, kaiken luovuttaminen Jumalan käsiin.

atma puja: rituaali, jonka Amma tekee ja ohjaa ennen Devi Bhavaa

asuri sampat: demoniset ominaisuudet.

avastha-traya viveka: eron tekeminen tietoisuuden ja kolme mielen eri tilan (valvetila, unitila, ja syvän unen tila) välillä.

Bhagavad Gita: sananmukaisesti "Herran laulu". 700- säkeinen teos gurun ja oppilaan, Krishnan ja Arjunan välisen vuoropuhelun muodossa. Yksi hindulaisuuden kolmesta keskeisestä tekstistä.

bhajan: antaumuksellinen laulu; palvonta.

bhakti: antaumuksellinen rakkaus.

bhava: jumalallinen mielentila.

Bhuta Yagna [jagna]: kasvi- ja eläinkunnan suojelu yhtenä *panca maha yagnoissa* määriteltynä palvontamenona.

Brahma Sutrat: Veda Vyasan kirjoittamat 555 aforismia, jotka viitaten asiayhteyksiin systemaattisesti järjestellynä tuovat esille Vedojen opetukset korkeimmasta totuudesta. Yksi hindulaisuuden kolmesta keskeisistä teksteistä.

Brahma Yagna [jagna]: *gurun* ja Vedojen muistaminen palvontamenoin, yksi *panca maha yanjnoista.*
brahmachari: naimaton, selibaatti opppilas, gurun opetuslapsi.
brahmacharia ashrama: ensimmäinen aste perinteisen vedisen elämäntavan mukaan. Siinä henkilö elää gurun luona hänen oppilaanaan.
Brahman: kaiken läpäisevä, ikuinen, autuaallinen tietoisuus, läsnä yksilössä ja universumissa, *Vedanta*-filosofian mukaan perimmäinen todellisuus.
brahmiini/brahmana: pappisluokan jäsen.
Brihaspati: puolijumala, jota pidetään kaikkien puolijumalten guruna.
buddhi jooga: "älyn jooga", Bhagavad Gitassa Krishna käyttää termiä karmajoogan asenteesta
chakra: kirjaimellisesti tarkoittaa pyörää. Hienovaraisten hermojen yhtymäkohta, josta puhutaan pääasiassa *jooga, kundalini ja tantra*-koulukuntien yhteydessä.
dama: aistien hallinta.
darshan: "pyhän näkeminen" erityisesti Jumalan, *gurun* tai *mahatman* tapaaminen tai näkeminen; Amman halaus.
deva [deeva]: Jumala; puolijumala
devata [deevata]: puolijumalat
daityat [daitjat]: demonit, *Kashyapan* ja Ditin lapset
daivi sampatit: jumalalliset ominaisuudet
Deva Yagna: Yksi *panca maha yagnoista,* jossa Jumalaa palvellaan eri elementtien ja luonnonvoimien muodossa.
Devi [deevi]: Jumalatar, maailmankaikkeuden jumalallinen Äiti, Jumalan naispuolinen olemus
Devi Bhava: erityinen darshan, missä Amma omaksuu Devin asun ja mielentilan
dharana: mielen keskittäminen yhteen kohteeseen, Patanjalin *ashtanga-jooga* järjestelmän kuudes vaihe
dharma: toimintapa, jossa otetaan huomioon maapallon, yhteiskunnan ja yksilön harmonia
dhyana [dhjaana]: meditaatio, seitsemäs vaihe Patanjalin *ashtanga-jooga* järjestelmässä
drg-drsya viveka: nähdä ero näkijän (Itse) ja nähdyn (ei-Itse) välillä

Ganesha: elefantinpäiseksi kuvattu jumalan muoto, joka symboloi korkeinta jumaluutta tai puolijumalaa, joka on vastuussa esteiden poistamisesta.

Gaudapadacarya: Aadi Shankaracharyan "iso-guru" (gurun guru). Hän on tehnyt kuuluisan selityksen Mandukya upanishadista

grihasta ashrama: perhe-elämä - perinteisen vedisen elämän järjestyksen toinen vaihe

guru: henkinen mestari, jolla on oppilaita

guru bhava: "Gurun mielentila"- gurun omaksuma opettajan ja kurinpitäjän rooli

guru seva: palvelutyö, joka tehdään gurun opastamana tai uhrilahjana gurulle

Guruvayurappan: Krishnaa esittävä patsas, joka sijaitsee Guruvayurtemppelissä Keralassa

Hanuman: Ramayana-eepoksen Jumalallinen apinahahmo, joka on täysin antautunut Ramalle. Monet palvovat häntä Jumalana.

hatha yoga: fyysisisiä asentoja ja venytyksiä, joiden tarkoitus on valmistaa kehoa, energiaa ja mieltä meditaatioon

himsa: väkivalta

Integrated Amrita Meditation Technique: Tunnetaan myös nimellä IAM-meditaatiotekniikka. Amman antama meditaatiotekniikka, jota Mata Amritanandamayi math opettaa ympäri maailmaa.

ishvara pranidhanam: Täydellinen Jumalalle antautuminen. Viimeinen Patanjalin *ashtanga- jooga* systeemin viidestä *niyamasta.*

japa mala [dzapa mala]: rukousnauha, jota käytetään keskittymiseen ja laskemiseen mantraa toistettaessa

jijnasu [dzignjasu]: henkilö, joka omaa jijnasan - palavan halun tuntea totuus/Jumala

jivanmukta [dzivanmukta]: henkilö joka on saavuttanut *jivanmuktin* tilan, vapauden kaikesta surusta ja kärsimyksestä jo eläessään

jivatma [dzivaatma]-paramatma-aikya jnana: tieto siitä, että yksilössä oleva tietoisuus on yhtä universaalin tietoisuuden kanssa

jnana: tieto, etenkin suhteessa *atmaan*

jnana jooga: henkinen harjoitus, jossa opiskellaan ja sovelletaan henkisiä totuuksia siten, kuin elävä henkinen mestari on opettanut ne oppilaalleen

jnanendriya: (jnana + indriya) "tiedon elin", aistielimet (korvat, silmät, nenä, kieli ja iho)
Jooga Sutrat: kokoelma joka sisältää 196 tietäjä Patanjalin kirjoittamaa aforismia. Sisältää *ashtanga-jooga* järjestelmän kuvauksen.
Jooga: tulla yhdeksi, yhdistyä, sulautua
kabadi: Intialainen urheilulaji missä kaksi, vastakkain sijoitettua joukkuetta vuorotellen lähettävät hyökkääjän toiselle puolelle. Hyökkääjä yrittää murtautua toiselle puolelle ja palata takaisin omalleen pidättäen hengitystään koko hyökkäyksen ajan.
karika: värssymuotoinen kommentaari
karma: teot/toiminta
karmajooga: toiminnan ja niiden tulosten aikana ylläpidettävä asenne, joiden kautta voi ylittää mieltymykset ja vastenmielisyydet.
karmajoogi: henkilö joka harjoittaa karmajoogaa
karmendriya: *(karma+indriya)* toiminnan elin (kädet, jalat, kieli, sukuelimet ja tyhjennyselimet)
kasaya: kyvyttömyys täydelliseen keskittymiseen/sulautumiseen meditaatiossa piilotajunnassa olevien halujen vuoksi
kottu kallu kali: eräs lasten leikki
Krishna: Jumalan inkarnaatio ihmisen hahmossa. Syntyi Pohjois-Intiassa noin 5000 vuotta sitten.
Krishna bhava: erityinen darshan, missä Amma pukeutui Krishnan asuun ja omaksui Krishnan mielentilan ja käytöstavan.
lakshya bodha: jatkuva päämäärän tiedostaminen
Lalita Sahasranama: 1000 Jumalallisen Äidin nimeä, jotka kuvaavat hänen ominaisuuksiaan ja hyveitään
laya: sulautuminen; unitila, este meditaatiolle
liila: jumalallinen näytelmä tai leikki, elämän näkeminen näytelmänä ja näyttelemällä osansa siihen takertumatta
loka samgraha: maailman kohottaminen, Itsen oivaltaneen teot ja toiminnat ovat vain sitä varten
ma [maa]: jumalallista rakkautta symboloiva tavu, jota käytetään Amman ma-om meditaatiossa
Mahabharata: valtava eepos, jonka on kirjoittanut tietäjä Veda Vyasa. Sisältää Bhagavad Gitan.
mahatma: *(maha + atma)* suuri sielu, guru, pyhimys, tietäjä jne.

manana: *jnana-joogan* toinen askel, kaikkien esteiden poistaminen pohdiskelulla ja kysymysten esittämisellä gurulle

manasa puja [pudza]: muodollisen tai epämuodollisen palvontarituaalin suorittaminen mielessä

mantra diksha: mantra-vihkimys

mantra: pyhä tavu tai tavujen yhdistelmä, jota toistetaan mielen keskittämiseksi ja rukouksen välineenä

Manusya Yagna: kanssaihmisistä huolehtiminen Jumalan palvonnan muotona, yksi *panca maha-yagnoista*

Ma-om meditaatio: Amman kehittämä meditaatiotekniikka, missä sisään- ja uloshengitys yhdistetään ma- ja om-tavuihin

marga: tie tai polku

marmika: henkilö, joka hallitsee kehon elintärkeät painelupisteet

maya [maija]: illuusio, joka on vain väliaikanen, se mikä on alati muuttuva

moksha: vapautuminen

mumuksutvam: voimakas vapautumisen kaipuu

Narayana: eräs Vishnu-jumalan nimistä

Nataraja [nataradza]: *(nata + raja)* ”tanssin jumala”, yksi Shiva-jumalan nimistä

nidhidhyasana: *jnana-joogan* kolmas ja viimeinen vaihe, kaiken opitun sisäistäminen

nirguna-meditaatio: ominaisuuksia vailla olevan atman, eli Itsen meditoiminen

nisiddha karma: kirjoitusten kieltämät teot

niskama karma: ilman itsekkäitä vaikuttimia tehdyt teot

niyama [nijama]: joogille määrätyt säädökset, Patanjalin *ashtanga-jooga* järjestelmän toinen askel.

Om: pyhä tavu, joka symboloi sekä Jumalan muotoa että Jumalan muodotonta olemusta. Vedojen perusolemus.

pada puja [pudza]: rituaalinen palvontameno, jossa *mahatman* jalat (symboloivat tietoa Itsestä) pestään erilaisilla aineksilla, kuten ruusuvedellä, gheellä (juoksevalla voilla), hunajalla, jugurtilla, kookosvedellä ja maidolla

Padmasana: *(padma + asana)* ”lootusistuin, lootusasento”, meditaatiossa käytetty istuma-asento, jossa molemmat jalat ovat vastakkaisten reisien päällä.

panca maha-yagnat [jagna]: viisi suurta palvontamenoa, jotka perheellisen tulisi Vedojen mukaan suorittaa päivittäin elämänsä loppuun saakka, tai kunnes ryhtyy sanjaasiksi

papa: itsekkäiden ja muita vahingoittavien tekojen aiheuttamat huonot seuraukset

parampara: (suku)linja, erityisesti etenevä guru-oppilas linja

Patanjali [Patandzali]: 100-200 eaa. elänyt tietäjä, joka kirjoitti Jooga Sutrat sekä tärkeitä sanskritin kielioppia ja ayrvedaa (perinteinen intialainen lääketiede) käsitteleviä tekstejä.

piitham: perinteisesti *gurun* pyhä istuma-alusta

Pitr Yagna [jagna]: edesmenneille esi-isille uhraaminen ja vanhempien hoitaminen palvonnan muotona, yksi *panca maha yagnoista.*

prana: elämän voima, hengitys

pranam: kumartaminen nöyryyden ja kunnioituksen osoituksena, myös *anjali mudran* näyttäminen tai jalkojen kunnioittava koskettaminen

prana viksana: hengityksen tarkkailu

pranayama [pranajjama]: *(prana + ayama)* ”hengityksen pidennys”, viittaa hengityksen hallintamenetelmiin, joita käytetään terveydentilan parantamiseen ja meditaatiossa keskittymiseen, Patanjalin astanga-jooga järjestelmän neljäs askel

prarabdha karma: menneisyydessä tehtyjen tekojen tulokset, jotka kantavat hedelmää nykyisessä elämässä

prasad: pyhitetty lahja, mikä tahansa gurun antama ruoka

pratyahara [pratjahara]: aistien vetäminen aistikohteista, viides askel Pantanjalin *ashtanga-jooga* järjestelmässä

puja [pudza]: jumalanpalvelus, rituaalinen palvontameno

Puja huone: erillinen huone palvontarituaaleja ja meditaatiota varten

punya [punja]: ansio, toisten hyväksi tehtyjen tekojen näkymättömät tulokset

Pyhimys Jnaneshvar: 1200-luvulla lähellä Punea elänyt pyhimys. Kirjoitti kuuluisan Bhagavad Gitan selityksen.

raga: Intialaisen klassisen musiikin sävelasteikot; takertuminen

Ramana Maharishi: Tamil Nadussa (1879-1950) elänyt *mahatma.*

Ranganathan: Vishnu-jumalaa esittävä patsas Tamil Nadussa sijaitsevassa Tirucchipallin temppelissä

rasasvada: (rasa+asvada) ”autuuden maistaminen”, este meditaatiolle

rishi: Itseoivaltanut mestari, tarkoittaa usein muinaisia tietäjiä, jotka ensimmäisinä toivat julki Vedojen mantrat ja totuudet

sadhana: henkiset harjoitukset

sadhana catustaya sampatti: neljä Itseoivallukseen tarvittavaa ominaisuutta *–viveka, vairagya, mumuksutvam ja samadi sadka-sampatti.*

sadhana Pancakam: viisi säettä ja neljäkymmentä henkistä ohjetta käsittävä teksti, jonka on kirjoittanut Aadi Shankaracharya

sagarbha pranayama: hengityksen säätäminen mantrojen toistamisen tahtiin

saguna meditaatio: ominaisuuksia omaavan objektin meditointi

sakha: ystävä

sahaja [sahadza] samadhi: "luonnollinen samadhi", mielen pysyvä sulautuminen tietoisuuteen, perustuu tietoon siitä, että kaiken perusolemus on puhdas tietoisuus

sakama karmat: materiaalisten tavoitteiden saavuttamiseksi tehdyt teot

saksi bhava: sivustakatsojan asenteen omaksuminen ulkoisen maailman ja mielen toimintojen suhteen

sama: mielen hallinta

samadhana: täydellinen keskittyminen

samadhi: täydellisen *vaivaton* sulautuminen meditaation kohteeseen, Patanjalin *ashtanga-jooga* systeemin viimeinen askel

samadi satka sampatti: 'kuusi vaatimusta/ominaisuutta: *sama, dama, uparama, titiksha, sraddha, samadhana*

samskaara: syntymähetkestä lähtien ilmenevät, edellisistä elämistä perityt luontaiset mielen ominaisuudet; Hindujen siirtymäriitit

Sanatana Dharma: Hinduismi, tarkoittaa "ikuista elämäntapaa". Elämä joka perustuu *dharmaan*, sen periaatteet ovat yleismaailmallisia ja ikuisia.

sancita [santsjita] karma: yksilön koko karmavarasto, joka odottaa vielä ilmenemistään

sandhya [sandhja] vandanam: rituaalinen rukousten ja kumarrusten sarja, jota vanhoilliset hindut, etenkin brahmiinit, tekevät auringonlaskun ja –nousun aikaan.

sangha: yhteisö

sanjaasa ashrama: neljäs ja viimeinen perinteisen vedisen elämäntien vaihe: henkilö luopuu kaikista suhteistaan tullakseen munkiksi

sanjaasi : henkilö, joka on vihitty sanjaasaan, munkiksi (tai nunnaksi)

sankalpa: voimakas päätös, käsite

santosham: tyytyväisyys, toinen viidestä *niyamasta* Patanjalin *ashtanga-joogassa*

sari: intialaisten naisten perinteinen vaate

sarira-traya-viveka: eron tekeminen atman ja kolmen kehon (karkean, hienosyisen ja kausaalisen) välillä

satguru: valaistunut henkinen mestari

satsang: henkinen puhe; pyhimysten, tietäjien ja henkisten kanssakulkijoitten seurassa oleminen

satya [satja]: totuudellisuus, toinen viidestä *yamasta* Patanjalin *ashtanga-joogassa*

saucam: puhtaus, ensimmäinen viidestä *niyamasta* Patanjalin *ashtanga-*joogassa

sastra: pyhä kirjoitus

sasvata: ikuinen, ajaton

seva: epäitsekäs palvelutyö

Siva: Jumalan muoto, joka symboloi joko kosmista tuhon voimaa tai korkeinta Jumaluutta, asiayhteydestä riippuen; tietoisuus; hyväenteisyys, suotuisuus

sraddha: (sanskritin kielessä) toimia luottamuksesta ja uskosta guruun ja pyhiin kirjoituksiin; olla tarkkaavainen toimissa, sanoissa ja teoissa (malayalamin kielessä)

sravana: henkisten opetusten kuuntelu, ensimmäinen kolmesta *jnana-joogan* vaiheesta

Srimad Bhagavatam: Bhagavata Purana, uskotusti Veda Vyasan kirjoittama teksti, jossa kuvataan Vishnu-jumalan eri inkarnaatioita Krishnan elämäntarina mukaanluettuna.

Suka Muni: Veda Vyasan valaistunut poika

sutra: aforismi, tieto annettuna lyhyiden säkeiden muodossa

svadhyaya: itseopiskelu eli Itsestä opettavien pyhien kirjoitusten opiskelu. Neljäs viidestä *niyamasta* Patanjalin *astanga-joogassa*

tabla: Intialaiset käsirummut

tamas: tylsyyden, tietämättömyyden ja laiskuuden *guna* (ominaisuus)

tapas: askeesi, kurinalaiset harjoitukset, kolmas viidestä *niyamasta* Patanjalin *ashtanga-joogassa*

titiksha: kyky pysyä kärsivällisenä ja pitää mieli vakaana elämän koitoksissa ja eri olosuhteissa kuten kuumassa ja kylmässä, kivussa ja mielihyvässä

Upadesa Saram: "Viisauden perusolemus", Ramana Maharishin kirjoittama teksti koskien henkisiä harjoituksia ja Itseä.

upanishad: vedinen opetus, jossa selitetään Itsen olemus; Vedojen filosofinen osa

uparama: oman dharmansa tunnollinen noudattaminen

Varuna Deva: veden, erityisesti valtamerten ja sateen jumaluus

vairagya: intohimottomuus, kiintymättömyys, takertumattomuus

vanaprastha ashrama: perinteisen vedisen elämäntien kolmas vaihe, jolloin henkilö lähtee kodistaan elääkseen meditatiivista elämää metsässä tai *gurun* luona

vasana: piilevät tai ilmenevät mielen taipumukset

Veda: Hindulaisuuden merkittävimmät pyhät kirjoitukset. Niitä on neljä: Rig Veda, Sama Veda, Atharva Veda ja Yarjurveda. Jokainen Vedoista jaetaan karkeasti ottaen neljään osaan: *samhita, brahmana, arnyaka ja upanishad.* Ne käsittelevät (samassa järjestyksessä) *mantrojen* lausumista, rituaaleja, meditaatiota ja korkeinta tietoa. Ihmiset eivät ole kirjoittaneet Vedoja, vaan sanotaan että Jumala on paljastanut ne tietäjille syvissä meditaation tiloissa. Alun perin Vedoja opiskeltiin suullisesti. Ne koottiin yhteen kirjoituksiksi 5000 vuotta sitten.

Veda Vyasa [vjaasa]: erityisen tärkeä tietäjä hindulaisuuden historiassa. Hänen uskotaan koonneen Vedat ja kirjoittaneen Brahma Sutrat, Mahabharatan, Srimad Bhagavatamin ja monia muita hindulaisuuden kirjoituksia

videha-mukti: henkilö, joka on saavuttanut *videha-muktin,* täydellisen vapauden kehosta ja loputtomasta elämän ja kuoleman kiertokulusta

vikshepa: mielen levottomuus, este meditaatiolle

Vishnu: Jumalan muoto, symboloi joko korkeinta Jumaluutta tai universumia ylläpitävää voimaa, asiayhteydestä riippuen

viveka: erottelukykyinen ajattelu, erityisesti kyky erottaa ikuinen (Itse) ja väliaikainen (ei-Itse) toisistaan

viveka buddhi: puhdistunut, erottelukykyinen äly

yagna [jagna]: vedinen rituaali, tietynlainen Jumalanpalvelus, Itseoivallukseen pääsemistä helpottava asenne kaikkien toimien taustalla

yama [jama]: kielletty toiminta, ensimmäinen askel Patanjalin, *ashtanga-jooga* järjestelmässä

Yudhisthira: vanhin viidestä Pandavasta, Mahabharata-eepoksen jaloista veljeksistä

www.ingramcontent.com/pod-product-compliance
Lightning Source LLC
LaVergne TN
LVHW051731080426
835511LV00018B/3004

* 9 7 8 1 6 8 0 3 7 3 6 9 1 *